KB211159

한국 교회가 중병에 걸렸다는 사실은 이제 간헐적 징후가 아니라 항구적 현실로 나타나고 있다. 그리스도의 몸이 되기 위해 밑바닥에서부터 몸부림치는 교회가 없는 것은 아니지만, 한국 교회는 빠르게 변화하는 시민사회의 영역에서 점점 멀어지고 있다. 머물지 않음이야말로 생명의 특색이다. 자기 동일성 속에 머물며 자족하는 교회는 더 이상 그리스도의 몸이 될 수 없다. 비상한 상황이다.

제도만 바꾸면 교회가 새로워질까? 교회 개혁을 위해 오랫동안 헌신해 온 저자는 제도 개혁만으로는 부족하다고 진단한다. 개혁되어야 하는 것은 우리 신앙이다. 신앙이라는 기초가 든든하지 않으면 그 위에 짓는 집은 아무리 화려해 보여도 늘 붕괴의 위험 속에 있다. 근원과 튼실하게 연결된 후에야, 변화된 상황에 발 빠르게 적응할 수 있다. 저자는 '예수, 믿음, 구원, 천국'이라는 네 개념을 통해 신앙의 근본과 거기 비추어진 우리 현실을 돌아본다. 근본이라는 거울을 통해 본 우리 현실은 참담하기 이를 데 없다. 많은 이들이 신앙의 '내용'보다 믿음을 통해 얻을 수 있는 '결과'에 더 관심을 갖고 있다는 것이다. 이른바 번영신학이 한국 교회의 주류로 자리 잡으면서 교회는 초월적 비전을 잃게 되었다.

믿음으로 살기 위해서는 때로는 주류 세계의 가치관에 맞서야 한다. 참된 믿음은 우리가 당연하게 생각하는 문명의 뿌리 속에 깃든 악의 실체를 꿰뚫어 보고 그것을 폭로한다. 고난은 믿음의 길을 걷는 이

들이라면 피할 수 없는 현실이다. 그러나 그 고난의 경험은 우리를 예수의 십자가와 단단하게 결합시킨다.

저자는 영성, 임재, 사랑, 회개 등의 종교적 언어들이 일상의 맥락 속에서 어떻게 구체화되어야 하는지를 명징한 언어로 설명한다. 질문에 질문이 이어지며 신학적 사고가 확장되고 심화되는 과정을 보여 줌으로써 독자들로 하여금 신앙의 본질에 다가서게 만든다. 영적 주체로 바로 서기 위해 신자들이 취해야 할 태도도 매우 구체적으로 제시된다. 가치관의 변화가 그 추상적 방향성이라면 "미디어를 대하는 자세를 바꾸라"든지 "좋은 공동체에 소속되라"는 권고는 실제적 지침이다.

저자가 들려주는 '예수, 믿음, 구원, 천국'에 대한 이야기는 신앙의 저 풍요로운 세상과 연결된 문이라 할 수 있다. 이 작은 책이 한국 교회 바로 세우기의 충실한 길잡이가 되리라 확신한다.

- **김기석** 청파교회 담임목사

저자가 아버지 교회 세습과 교회개혁실천연대 사무국장이라는 갈림길에서 후자를 선택한 순간이 생생하게 기억난다. 교회개혁실천연대로서는 너무나 고마운 결정이었고, 본인에게는 십자가의 도를 몸으로 배워 나가는 소중한 기회였을 것이다. 이 책은 그 결단의 아름다운 열매라 할 수 있다. 예수님은 온갖 이기적 욕망을 포기하고 오로지 하나님의 뜻을 행하려 하는 자만이 참 하나님의 말씀을 분별할 수 있다고 하

셨기 때문이다(요 7:17). 저자는 '예수 믿고 구원받아 천국 간다'는 말의 참뜻이 무엇인지를 쉽고 간결하며 명료한 언어로 풀어 준다. 대부분의 저자들은 전문적인 용어 사용, 유명한 저술에 대한 인용, 복잡한 논리, 독특한 창의성 등을 통해 자신의 탁월성을 증명하고 싶은 유혹을 받는다. 하지만 남오성 목사는 독자가 쉽게 하나님의 진리에 도달할 수 있도록 내용과 표현을 다듬는 데만 모든 열정을 쏟아붓는다. 그 미덕에 찬사를 보내지 않을 수 없다. 예수, 믿음, 구원, 천국을 잘못 알아 온 이들은 이 책을 통해 신앙이 개혁되는 놀라운 경험을 하게 될 것이다. 오늘 한국 교회는 라오디게아 교회를 많이 닮았다. 라오디게아 교회는 자기 지역 경제의 풍요와 번영을 함께 누리면서 치명적으로 타락했다. 예수님의 눈으로 볼 때는 비참하고 불쌍하고 가난하고 눈이 멀고 벌거벗었건만, 스스로는 풍족하여 부족한 것이 조금도 없다는 착각에 빠져 있었다. 그 교회에 필요한 것은 철저한 신앙 개혁이었다. 예수님은 그들에게 참된 믿음과 구원을 처음부터 다시 배워 눈을 뜨라고 권고하신다. 예수님은 그들이 자신을 다시 영접해 자신과 친밀한 식탁 교제를 함으로써 하나님 나라를 새롭게 맛보게 되기를 바란다는 마음을 전하신다. 본서는 그런 예수님의 절절한 마음을 담아 한국 교회에 신앙 개혁을 요청하고 있다. 저자가 강조했듯이 교회 개혁은 신앙 개혁 없이는 불가능하다. 제도 개혁과 신앙 개혁은 교회 개혁의 두 축으로 상생 관계에 놓여 있다. 제도 개혁은 신앙 개혁을 한결 수월하게 만들어 준다. 신앙 개혁은 제도 개혁이 형식적인 변화를 넘어 본질적 변혁으로까지

이어질 수 있게 해 준다. 부디 이 책이 널리 읽혀 한국 교회에 신앙 개혁의 불길이 활활 타오를 수 있기를 진심으로 바란다.

- **박득훈** 교회개혁실천연대 고문, 성서한국 사회선교사

남오성 목사는 보수 신앙과 열린 신학을 토대로 신학자, 운동가, 목회자로서의 삶을 열정적으로 살아 낸 사역자다. 부친이 공개 석상에서 그를 "보수 꼴통"이라며 교회를 물려받지 않은 일에 대한 섭섭함과 존경을 표해 장내를 놀라게 했던 기억이 난다. 이 책은 침체의 늪에서 방황하는 한국 교회가 회복하는 길은 기독교의 핵심인 예수, 믿음, 구원, 천국에 관한 잘못된 인식에서 벗어나는 것이라고 호소한다. '우리가 믿는 예수는 누구인가?'라는 질문 앞에 고개를 숙이고 읽어 내려갈 수밖에 없다.

저자는 방대한 기독론을 쉽고도 간결하게, 그러면서도 깊이 있게 안내하기에 예수를 새롭고도 친근하게 만날 수 있다. 한국 교회 강단에서 수없이 반복되어 외치는 "믿습니까? 아멘"이라는 말에서 한 발 물러나, 우리의 믿음이 성경과 하나님으로부터 얼마나 멀리 벗어나 있는가를 깨닫고 '믿음 알기'를 통해 살아 있는 믿음의 길을 걷게 한다. 그리스도인들을 당혹케 하는 "당신은 구원받았습니까?" "지금 죽어도 천국에 갈 수 있습니까?"와 같은 질문에 속시원하게 답할 수 있도록 구원과 천국의 의미를 통전적으로 설명한다.

이 책은 기독교 입문서 성격을 지녔으되, 오래된 신자도 자신의 신앙을 되돌아보게 하고 목회자도 설교 강단을 새롭게 일구도록 돕는 안내서다. 이 책을 통해 교회에 진정한 부흥이 일어나고, 그리스도인들이 세상에 소금과 빛의 역할을 잘 감당할 수 있게 되길 간절히 기대하며 마음을 다해 추천한다.

- **방인성** 교회개혁실천연대 고문, (사)하나누리 대표

저자는 이 책에서 신앙의 본질에 천착한다. 신앙은 우주적이고 통전적이어서 교회라는 그릇에만 담을 수가 없다. 그런데 저자는 왜 이 책의 부제를 '교회 개혁 운동가의 신앙 개혁 이야기'라고 했을까? 아마도 우주적이고 통전적인 기독교 신앙의 시작이 교회라고 생각했기 때문일 것이다. 교회는 구원(새 생명)이 태동하고 자라나는 못자리이다. 볍씨는 못자리 없이 생명을 태동하지 못한다. 못자리는 볍씨가 생명을 태동하는 보금자리다. 그러나 못자리에서 태동한 모는 때가 되면 논으로 이식을 해 주어야만 벼가 되고 열매를 맺는다. 이러한 의미에서 못자리와 같은 교회를 통해 새 생명을 얻은 성도들이 성숙하면 반드시 세상을 바꾸는 본연의 사명에 충실해야 한다. 그래서 예수님은 성도를 가리켜 세상의 소금이요, 빛이라 말씀하셨다. 세상에서 소금과 빛의 사명을 다하는 것이 저자가 말하는 신앙 개혁이다. 교회 없이는 새 생명을 얻기가 불가능하고 세상을 변혁시키지 못하는 성도를 참된 신앙인

이라고 인정하기 어렵다. 나는 이것이 저자가 천착하는 신앙 개혁이라 생각한다.

오늘날 한국 교회가 예수 정신을 잃어버린 가장 큰 이유는 예수님이 가르치신 통전성을 잃어버렸기 때문이다. 예수! 그 자신이 복음이다. 복음! 예수님이 그토록 사랑했던 구약과 신약(예수 이야기) 전부가 복음이다. 한국 교회는 예수님께서 십자가에서 죽으시고 부활하신 사건만 복음이라고 가르친다. 그러니 구약도, 예수의 삶도 모두 액세서리에 불과하다. 아니다! 신구약 전체가 복음이고, 예수님 자신이 복음이다. 남오성 목사는 바로 이 복음의 통전성을 목놓아 외친다. 이 중요한 진실을 우리에게 너무나 쉽게 설명한다. 이 작은 책이 한국 교회를 회생시키는 보약이 되길 간절히 희망한다.

- **강경민** 일산은혜교회 은퇴목사, 평화통일연대 상임대표

예수 믿음 구원 천국

교회 개혁 운동가의 신앙 개혁 이야기

예수 믿음 구원 천국

남오성 지음

NEWS&JOY

일러두기

· 이 책은 저자가 2020년~2021년 <하나님나라 QT>에 12회 연재한 글을 보완한 것입니다.
· 본문에 인용한 성경은 개역개정판이며, 판본이 다를 경우 따로 표시했습니다.

차례

서문

교회 개혁 운동에 몸담은 지 올해로 20년이 되었습니다. 2002년에 유학 가서 중세신학과 종교개혁사를 공부하고 돌아와 신학교에서 학생들을 가르쳤습니다. 학교를 떠났을 때, 제 앞에 두 가지 선택지가 놓여 있었습니다. 아버지 교회를 세습할 것인가, 교회개혁실천연대 사무국장이 될 것인가? 양 극단처럼 보이는 두 길 가운데 후자를 선택하고 현장에 들어와 여의도순복음교회 사태, 전병욱 성추행, 사랑의교회 불법 건축, 예장합동 총회 파행, 한기총 해체, 목회자 납세 등 각종 이슈에 대응했습니다. 교회 개혁 운동 실무자로 뛰어다니면서 한국 교회의 더러운 민낯을 많이 봤습니다.

목회에 전념하려고 사무국장 자리를 내려놓고 분립 개척 준비를 시작했습니다. 교회를 개척하고 담임하면서 능력의 한계를 많이 느꼈습니다. 마치 링 밖에서 잘난 척 떠들던 권투 해설자가 링 안으로 들어와 코피 터지는 복서가 되었다고 할까요? 건강한 교회는 잘난 목사의 개인기가 아니라, 말씀을 사랑하는 진실한 성도 공동체의 눈물 어린 기도와 성실한 헌신으로 이뤄짐을 절감하며, 지금도 받은 사명에 순종하여 교회를 섬기고 있습니다.

그 사이 교회개혁실천연대 공동대표도 맡게 되었습니다.

교회 개혁이란 무엇일까요? 20년 동안 신학자로, 시민단체 활동가로, 담임목사로 개혁 운동에 몸담았지만 아직도 정답을 잘 모르겠습니다. 전에는 교회 개혁을 제도 개혁이라고 생각했던 것 같습니다. 민주적으로 교회를 운영하기 위해서 정관을 세우고, 여성과 청년이 함께하는 운영위원회를 꾸리고, 헌금을 투명하게 관리하는 등 시스템을 잘 갖추면 건강한 교회가 된다고 여겼던 것 같습니다. 하긴 좁은 의미에서는 교회를 제도라고 볼 수도 있기에, 어쩌면 교회 개혁은 제도 개혁이 우선일 수밖에 없겠다는 생각도 듭니다.

사실 교회 개혁의 본질은 신앙 개혁입니다. 세상이 어떻게 돌아가든지, 목사가 시키는 대로 종교 규칙을 잘 지키고 질병 없이 부자로 살다가 죽어서 좋은 데 가려는 이기적인 신앙을 가진 사람들이 모인 교회는 아무리 껍데기를 바꿔도 소용이 없습니다. 문제는 교회의 제도가 아니라 교인의 신앙과 삶입니다. 사람이 바뀌어야 교회가 바뀝니다. 사람이 바뀌려면 신앙과 삶이 바뀌어야 합니다. 좋은 교회 다니면 좋은 교인 되나요? 좋은 설교 들으면 좋은 신앙인인가요? 그렇지 않습니다. 바른 신앙을 가지고 그에 걸맞는 삶을 살아야 좋은 성도입니다.

이 책의 부제는 "교회 개혁 운동가의 신앙 개혁 이야기"입니다. 제도 개혁에 매몰되기 쉬운 교회 개혁을 넘어서 신앙 개혁이

일어나야 합니다. 하나님 나라의 가치를 중심으로 모인 이들이 예수를 믿고 따르며 구원을 이뤄 가고 천국을 소망할 때 좋은 교회가 될 수 있습니다. 성도 각자가 하나님 나라의 가치, 정의와 평화와 생명의 가치를 매일의 삶 속에서 실천하며 살 때 좋은 교회가 될 수 있습니다. 한국 기독교인들이 질문 없이 따르고 있는 축소·왜곡된 예수, 믿음, 구원, 천국 개념을 다시 진지하게 생각해야 한다는 것이 이 책의 요지입니다.

저는 보수적인 신앙을 가진 독자를 염두에 두고 이 책을 썼습니다. 성경을 하나님 말씀으로 문자 그대로 가감 없이 믿고 따르려고 노력하는 분을 위해 본문을 많이, 필요하면 반복해서 인용했습니다. 예수, 믿음, 구원, 천국이라는 보수 신앙의 키워드를 보존하되 그 의미를 하나님 나라 신학과 총체적 복음을 기준으로 재정의하려고 했습니다. 내세의 천국과 지옥, 심판과 예정 등의 용어를 의도적으로 사용하며 보수 신앙과의 공감대를 유지하려고 했습니다. 이 시대 한국 교회의 문제점과 개혁의 필요성에 공감하지만 여전히 율법 신앙, 기복 신앙, 내세 신앙 같은 보수 교회의 굴레에 매여 있는 분을 위해 이 책을 썼습니다.

가능한 쉽게 쓰려고 했습니다. 핸드폰만 쳐다보는 중학생도, 책보다는 드라마가 더 재미있는 권사님도 읽을 수 있도록 말하듯 쓰려고 했는데, 그렇게 됐는지 잘 모르겠습니다. 교회를 오래 다녀서 여러 설교를 익히 들어 봤지만 왠지 모를 답답함 때문에

불편했던 분이 읽고, "뭐라고?", "진짜?", "아하!"라고 외쳤다면, 이 책은 성공입니다.

이 책은 긴 시간 여러 자리를 거쳐 탄생했습니다. 처음 발상은 일산은혜교회 청년부에서 설교하면서 떠올렸고, 밑그림은 주날개그늘교회에서 성경공부와 수요성서학당을 진행하면서 그렸습니다. 초고는 〈하나님나라 QT〉에 2년간 연재하면서 썼고, 〈뉴스앤조이〉의 제안으로 다듬어 단행본으로 묶였습니다.

감사드릴 분들이 있습니다. 일산은혜교회에서 사역할 수 있게 기회를 주셔서 아름다운 청년들을 만나게 해 주시고, 분립 개척의 기회를 주시고, 은퇴 후 하나님 나라 운동의 선봉에 계신 강경민 목사님께 감사드립니다. 교회 개혁 운동의 길로 이끌어 주시고 지도해 주신 박득훈 목사님, 방인성 목사님께 감사드립니다. 부족한 원고를 미리 읽어 주시고 귀한 추천사를 써 주신 김기석 목사님께 감사드립니다. 코로나19 대유행 중에도 묵묵히 교회를 섬기시고 허물 많은 목사를 돌봐 주시는 주날개그늘교회 성도 여러분께 감사드립니다. 부족한 원고를 2년간 연재해 주신 〈하나님나라 QT〉 김정훈 편집장님, 출판을 제안해 주신 〈뉴스앤조이〉 김은석 간사님께 감사드립니다. 그리고 마지막으로, 당신의 후임목사 자리를 거부하고 떠난 불효자를 이해해 주시고, 당신도 본인이 개척한 교회의 원로목사직을 용기 있게 내려놓으신 자랑스러운 나의 아버지, 남영우 목사님께 이 책을 바칩니다.

들어가며

"예수 믿고 구원받아 천국 가세요!" 이런 얘기 한 번쯤 들어 보신 적 있지요? 기독교인들이 전도할 때 이렇게들 말하지요. 지하철이나 길거리에서 노방전도하시는 분이 외칠 때, 잘 들어 보면 내용은 결국 이 한 문장입니다. 교회에서 목사님이 복음을 설명할 때도 결국 이것입니다. 신앙고백을 한다고 할 때도 이 한 줄로 요약합니다. 이 문장에 자기가 믿는 바가 모두 담겨 있다고 생각하는 것 같습니다. 그런데 이 짧은 문장이 기독교 신앙의 내용을 과연 올바로 담고 있나요? 과연 예수, 믿음, 구원, 천국이 기독교 신앙에 대한 적합한 요약인가요?

그렇습니다. 예수, 믿음, 구원, 천국은 기독교 신앙의 핵심 명제입니다. 기독교는 예수의, 예수에 의한, 예수를 위한 종교입니다. 하나님은 믿지만 예수는 무시한다면, 그것은 그저 막연한 세속적인 유신론에 불과할 겁니다. 기독교는 예수를 믿는 종교입니다. 예수라는 존재를 인정은 하지만 믿음의 대상으로서 받아들이지 않는다면, 그것은 기독교 신앙이라고 할 수 없습니다.

예수에 대한 믿음은 구원과 연결됩니다. 죄인인 인간이 예수

를 믿고 구원에 이르는 것이 기독교의 교리입니다. 기독교의 구원은 천국, 즉 하나님 나라를 향합니다. 하나님께서 다스리시는 나라의 백성이 되고, 그 나라의 완성을 소망하며 사는 삶이 기독교인의 인생입니다. 그런데 여기에 다른 문제가 있습니다.

예수, 믿음, 구원, 천국에 대한 생각에 따라 다양한 신앙의 모습이 나타납니다. 예수가 누구이며, 믿음과 구원과 천국을 무엇이라고 여기느냐에 따라 신앙의 방향이 많이 달라집니다. 예수를 막연한 영적 존재로만 생각하거나, 믿음을 그저 머리로 생각하는 것에만 국한하면 곤란합니다. 구원을 이 세상에서 잘 먹고 잘 살다가 죽어서 좋은 곳에 가는 것으로만 여기고, 천국을 천사들이 날아다니는 사후세계로만 생각하면 신앙은 삐뚤어집니다.

혹시 예수, 믿음, 구원, 천국에 대한 왜곡된 신앙이 지금의 기독교가 곤경에 처한 원인은 아닐까요? 기독교인들이 복음으로 세상을 설득하기는커녕 조롱당하고, 교회가 부흥은 고사하고 침체와 존폐 위기의 늪에서 헤어나지 못하는 이유가 혹시 예수, 믿음, 구원, 천국에 대한 잘못된 인식 때문은 아닐까요? 무엇이 예수, 믿음, 구원, 천국에 대한 올바른 신앙일까요? 어떻게 바람직한 신앙을 가질 수 있을까요? 성경은 어떻게 말하고 있나요?

지금부터 예수, 믿음, 구원, 천국, 이 네 단어를 중심으로 기독교 신앙을 요약해 보려고 합니다. 기독교에 관심이 있거나, 이

제 막 신앙에 입문하신 분들께 유익할 것입니다. 믿은 지 오래되었지만 아직도 무엇을 믿는지 분명히 알지 못하는 기독교인들에게도 도움이 될 겁니다. 지금까지 믿어 온 신앙에 무언가 문제가 있는 것 같다고 생각하는 분들은 지금부터 제가 드리는 이야기에 귀 기울여 보시기 바랍니다. 건전한 신앙을 가진 분들에게는 그동안의 신앙을 진지하게 돌아보고 점검하는 기회가 되기를 바랍니다.

I. 예수

1. 나사렛 예수

2. 그리스도 예수

3. 주 예수

예수는 누구인가요? 예수가 누구인지 어떻게 알 수 있을까요? 인간은 대단히 복잡다단한 존재라서 곁에 있는 사람도 어떤 존재인지 잘 모르겠는데, 어떻게 2천 년 전에 팔레스타인에 살았던 분, 그것도 기독교에서 하나님으로 추앙하는 분에 대해 알 수 있을까요? 그것은 매우 어려운 일입니다. 평생을 바쳐 예수가 누구인지 연구한 신학자들에게도 쉽지 않은 일입니다. 하지만 그리스도인으로 살기 위해서는 예수를 알아야 합니다. 예수가 기독교 신앙의 처음이며 끝이기 때문입니다. 그러면 어떻게 할까요?

성경에서 출발해야 합니다. 왜냐면 예수에 대한 기록의 대부분이 성경에 있기 때문입니다. 특히 신약성경의 네 복음서, 마태, 마가, 누가, 요한복음에 예수에 대한 이야기가 집중되어 있습니다. 그리고 신약성경의 나머지 부분에도 예수와 가까이 지냈던, 예수를 위해 목숨까지 바쳤던 사람들이 남긴 기록이 있습니다. 그래서 예수를 알려면 성경 특히 신약성경을 살펴봐야 합니다.

성경을 보면 예수를 부를 때 이름 곁에 붙여 쓰던 단어가 있습니다. 대표적인 세 단어를 들자면, '나사렛', '그리스도', '주'입니다. 예수 당시 사람들은 그분을 '나사렛 예수', '그리스도 예수', '주 예수'라고 불렀습니다.

왜 그랬을까요? 혹시 이 세 단어에 어떤 중요한 의미가 있는 것은 아닐까요? 예수가 누구인지 아는 데 결정적인 단서를 줄 중요한 단어들은 아닐까요? 이제 하나씩 살펴봅시다.

1. 나사렛 예수

1) 나사렛

예수 시대의 사람들은 예수를 나사렛 예수라고 불렀습니다. 예수는 자신이 나사렛 예수라는 데 동의하였습니다(요 18:4-5). 나사렛은 이스라엘의 지명이며 예수의 고향입니다. 당시에는 이름의 종류가 지금처럼 다양하지 않아서 같은 이름을 식별하기 위해서 앞에 출신지를 붙여서 불렀습니다. 신약성경에 많은 글을 남긴 바울도 개명하기 전까지 다소 사람 사울이라고 불렀습니다(행 9:11). 예수는 나사렛 출신 예수입니다. 나사렛은 예수의 출신지이지만 출생지는 아닙니다. 태어난 곳은 베들레헴이고 자란 곳이 나사렛입니다. 베들레헴은 예수의 부모가 잠시 들러서 출산만 한 곳이고, 나사렛은 예수가 유소년기와 청년기를 보내면서 자아 정체성을 형성한 곳입니다. 한마디로 예수의 고향은 나사렛입니다.

나사렛은 어떤 곳인가요? 나사렛은 갈릴리 지역에 있는 도시인데, 갈릴리에 대해 알려면 이스라엘 지리를 살펴볼 필요가 있

습니다. 이스라엘은 우리나라와 비슷하게 영토가 남북으로 긴 모양인데, 크게 남부, 중부, 북부 이렇게 세 지역으로 나눌 수 있습니다.

남부는 유대입니다. 유대는 마치 우리나라의 수도권과 같아서 이스라엘의 정치, 사회, 종교의 중심지

예수 시대의 이스라엘 영토. (출처: 퍼블릭 도메인)

입니다. 유대에 예루살렘이 있고, 거기에 성전이 있기 때문입니다. 이스라엘은 유대교가 민족과 국가의 근간을 이루는 나라였고 그 중심에 성전이 있었기에, 성전이 위치한 예루살렘은 이스라엘의 수도입니다.

중부는 사마리아입니다. 사마리아는 차별당하던 지역인데, 그 이유를 알려면 이스라엘의 역사를 살펴봐야 합니다. 고대 이스라엘은 르호보암왕 때 남북으로 분단되어, 남쪽은 남유다, 북쪽은 북이스라엘이 되었습니다. 북이스라엘은 앗수르(앗시리아)에 의해 멸망당했는데, 앗수르는 식민지의 민족 정체성을 희석

시켜 통치하기 쉽게 하려고 혼혈정책을 펴서 식민지 북이스라엘 사람들은 자기 민족끼리 결혼할 수가 없었습니다. 그래서 그들이 낳은 자녀들은 혼혈되었고 피부색도 달랐습니다.

당시에 유대인들은 사마리아인들을 차별했습니다. 아브라함으로부터 이어 온 혈통을 온전하게 보존하지 못해서 여호와께 선택받은 민족의 정체성을 상실했다고 여겼기 때문입니다. 유대인들은 사마리아 땅을 불결하다고 생각해서 남부와 북부를 오갈 때 사마리아를 통과하지 않고 요단강을 건너 우회하기도 했습니다. 그런 점에서 예수가 사마리아 여인과 대화하고, 비유를 들어 사마리아인의 선행을 칭찬한 점은 당시로서는 매우 놀라운 일이었습니다.

북부가 나사렛이 있는 갈릴리입니다. 갈릴리 지역은 이스라엘에서 상대적으로 기름진 땅인데, 요단강의 발원지인 헬몬산에서 내려오는 물이 갈릴리 호수를 이루고 있기 때문입니다. 비교적 물이 풍족한 갈릴리에는 농업과 어업이 발달했는데, 정작 그 지역 사람들은 그 풍요로움을 누리지 못하고 있었습니다. 물론 번영을 누리던 도시인도 있었지만, 대체로 갈릴리인들은 소작농이어서 추수한 결실의 대부분을 지주에게 바쳐야 했습니다. 또한 당시 이스라엘은 로마의 식민지였기에 로마에게 많은 세금도 내야 했고, 예루살렘 성전의 대제사장을 비롯한 종교 권력자들에게 제물과 성전세를 바쳐야 했습니다.

게다가 주로 외적이 북쪽에서 침입했기에 남자들은 군대에 차출되어 전쟁으로 목숨을 잃기도 했습니다. 그래서 갈릴리에는 고아와 과부가 많았습니다. 또 이방인들과 섞여 살았으므로 종교적으로 거룩하지 않다고 유대 지역 사람들로부터 차별을 당하기도 했습니다. 자기가 가진 풍요를 누리지도 못하고 빼앗기고 죽고 차별당하던 땅이 바로 갈릴리였습니다.

나사렛은 갈릴리 지역에 있는 작은 농촌 마을이었습니다. 인구가 많아야 2천 명이 되지 않았을 것이라고 학자들은 추정합니다. 고고학자들이 나사렛을 발굴해 보니 무덤, 올리브 기름을 짜는 맷돌, 우물, 아치형의 포도주 창고와 기름 창고가 나왔습니다. 이것으로 미루어 볼 때 나사렛은 조그만 시골 동네였던 것으로 보입니다. 나사렛은 구약성경과 초기 유대교 문헌에 전혀 등장하지 않습니다. 나사렛은 스불론 지파에 속한 도시인데, 여호수아 19장 10~15절에 스불론의 도시들이 열거될 때 거기에 나사렛은 없습니다. 유대 역사가 요세푸스가 갈릴리의 도시 45개를 기록했는데 거기에도 나사렛은 등장하지 않습니다. 탈무드에 보면 갈릴리의 63개 도시가 나오는데 나사렛에 대한 언급은 없습니다. 아마도 나사렛을 그다지 큰 가치가 없는 도시로 여겼던 것 같습니다. 아무런 중요성을 갖지 못한 하찮은 도시가 나사렛이었습니다.

그래서 당시에 나사렛 출신이라는 말은 부끄러운 꼬리표였습

니다. 요한복음을 보면 예수께서 제자를 부르시는 장면에 이런 대화가 나옵니다.

> 빌립이 나다나엘을 찾아 이르되 모세가 율법에 기록하였고 여러 선지자가 기록한 그이를 우리가 만났으니 요셉의 아들 나사렛 예수니라 나다나엘이 이르되 나사렛에서 무슨 선한 것이 날 수 있느냐. (요한복음 1장 45-46절)

아람어 페쉬타 역본은 나다나엘의 말을 "나사렛에서 무슨 좋은 말씀이 있을 수 있겠느냐"고 번역했습니다. 나다나엘은 나사렛에서 7킬로미터 떨어진 가나 출신이었기에 옆 동네 나사렛에 대해 잘 알고 있었을 것입니다(요 21:2). 그런 그가 나사렛에 대해 편견을 가지고 폄하하는 발언을 했습니다. 아마도 나다나엘뿐만 아니라 당시 주변 사람들도 대부분 나사렛을 우습게 여겼을 것입니다.

나사렛에 대한 당시 사람들의 편견은 예수의 처형 장면에도 나옵니다. 십자가에 달렸을 때 머리 위에 달린 명패를 보면 "나사렛 예수 유대인의 왕"이라고 쓰여 있었습니다. 로마 군인들이 십자가에 달린 예수를 조롱했던 점을 고려할 때, 명패에 쓰인 말은 결국 '나사렛 출신 주제에 무슨 왕이냐'고 폄하한 표현으로 보입니다(요 19:19). 나다나엘의 반응과 십자가 명패에서 보듯이

당시 나사렛은 특별한 기대를 할 수 없는 조롱당해 마땅한 도시로 여겨졌습니다.

예수는 나사렛 사람입니다. 전쟁에서 아버지를 잃은 아이들과 어린 시절을 함께 보냈습니다. 로마인의 폭력에 시달리며, 그들과 내통하는 세리와 땅을 독점한 지주에게 착취당하며 살았습니다. 다른 지역으로부터 나사렛 출신이라고 조롱당했습니다. 누구든 예수가 나사렛 출신이라는 사실을 알면 예수를 우습게 보았을 것입니다. 예수는 평생 나사렛 출신이라는 꼬리표를 달고 살았습니다. 비천한 동네 나사렛, 그곳이 바로 예수의 고향입니다.

2) 목수

예수는 어떤 가정에서 자랐을까요? 한 가정의 삶은 아버지의 직업과 관련이 깊습니다. 가족의 생계를 책임지는 아버지의 직업에 따라 그 가정의 계급, 신분, 경제 상황이 좌우되기 때문입니다. 그리고 당시는 아버지의 직업이 세습되는 경우가 많았기에 예수에게 미치는 영향은 클 수밖에 없었습니다.

예수의 아버지 요셉의 직업은 목수였습니다. 한글로 목수라고 번역된 단어의 헬라어 원어는 테크톤(τέκτων)입니다. 이는 단지 나무를 다루는 전문 노동자뿐만 아니라, 건물 짓는 것과

관련된 일을 하는 노동자를 뜻합니다. 요셉이 목수 또는 건축 노동자로 일했다면 나사렛에서 구체적으로 어떤 일을 했을까요? 말씀드렸듯이 나사렛은 작은 시골 동네에 불과하기에 일거리가 많지 않았을 것입니다. 그렇다면 아버지 요셉은 어떻게 촌 동네에서 목수로 가족의 생계를 유지할 수 있었을까요? 아마 근처 큰 도시에서 일했을 것입니다.

나사렛에서 북서쪽으로 6킬로미터 정도 가면 세포리스라는 도시가 있었습니다. 학자들에 의하면 기원전 4년경에 분봉왕 헤롯 안티파스 때 세포리스에 대규모 건축 공사가 있었습니다. 그곳을 발굴해 보니 회당, 귀족들의 저택, 야외 극장의 흔적이 나왔습니다. 당시 세포리스는 갈릴리의 수도였는데, 기원후 20년경에 갈릴리 호수 변에 로마식 신도시 디베랴를 건설하여 수도를 옮겼습니다. 디베랴는 온천 휴양도시로 로마 황제 디베료에게 헌정된 도시였고, 기원후 70년에 예루살렘이 멸망한 후에는 이스라엘 4대 도시 중 하나로 성장했습니다.

예수가 아이였을 때, 나사렛 근처 두 곳에서 대규모 건축 사업이 있었던 것입니다. 예수가 공생애를 시작하시기 전까지 세포리스와 디베랴에서는 건축 공사가 활발히 진행되었고, 아버지 요셉은 아들 예수와 함께 그 공사장에서 목수로 일했을 것입니다. 거기서 받은 임금으로 요셉은 가족을 부양했고, 예수는 목수 일을 배우며 자랐을 것으로 추정할 수 있습니다.

갈릴리의 세포리스라는 지역에 남아 있는 고대 로마 건축물 흔적
(출처: Logan Bush/Shutterstock.com)

건설 공사장은 예나 지금이나 그다지 낭만적인 공간이 아닙니다. 로마제국의 귀족과 군인이 식민지 백성의 인권을 존중하며 일을 시켰을 것 같지 않습니다. 마치 출애굽기에 나오는 이집트에서 일하던 히브리 노예처럼 온갖 학대와 억압 속에서 강제 노역에 시달렸을 가능성이 높습니다.

세포리스와 디베랴에서 예수는 당시 대도시의 빛과 그늘을 경험했을 것입니다. 예수의 말씀을 보면 나사렛 시골에서 접할 수 없는 큰 도시나 왕궁에 대한 이야기가 종종 나옵니다. 예를 들면 왕궁에 부드러운 옷을 입은 사람(마 11:8), 빚진 종을 용서하는 왕(마 18:23-35), 혼인 잔치를 베푸는 왕(마 22:1-14), 임금과 임금이 싸우는 이야기(눅 14:31) 등은 예수가 경험한 현실에서 유래한 이야기일 것입니다. 건축 노동자로서, 그 건물의 주인인 화

려하고 방탕한 왕족과 귀족의 삶을 지켜본 경험에서 우러나온 이야기일 것입니다.

당시 목수는 어떤 직업이었을까요? 사람들에게 선망받았을까요, 천대받았을까요? 그 답을 예수가 고향에서 배척당하시는 이야기에서 찾을 수 있습니다.

> 예수께서 거기를 떠나사 고향으로 가시니 제자들도 따르니라 안식일이 되어 회당에서 가르치시니 많은 사람이 듣고 놀라 이르되 이 사람이 어디서 이런 것을 얻었느냐 이 사람이 받은 지혜와 그 손으로 이루어지는 이런 권능이 어찌됨이냐 이 사람이 마리아의 아들 목수가 아니냐 야고보와 요셉과 유다와 시몬의 형제가 아니냐 그 누이들이 우리와 함께 여기 있지 아니하냐 하고 예수를 배척한지라. (마가복음 6장 1-3절)

예수가 나사렛 회당에서 가르칠 때, 사람들은 예수의 지혜와 권능을 보고 놀랐지만 예수를 인정하지 않고 배척했습니다. 고향 사람들은 예수의 형제와 누이를 자기와 같은 동네에 사는 천한 사람으로 여겼고 예수의 지혜와 권능을 인정하지 않았습니다. 나사렛 사람도 나사렛 사람을 인정할 수 없었던 것입니다. 그런데 그들이 예수를 배척한 또 다른 이유가 있습니다. 그것은 예수가 목수였기 때문입니다. 비천한 동네 나사렛인들이 보기에

도 목수라는 직업은 하찮아 보여서, 예수를 달갑지 않게 여겼고 존중할 수 없었습니다.

예수의 아버지는 목수였습니다. 예수도 공생애 전까지 목수 일을 했을 것입니다. 대도시 공사 현장에서 부유층을 위한 건물을 짓고 나무로 물건을 만들었을 것입니다. 목수로 일하면서 사람들에게 존경은커녕 차별당하며 일했습니다. 예수는 노동자였고, 노동의 현장에서 인생과 세상을 배웠습니다. 예수에게 공사판은 학교였습니다.

3) 비둘기 두 마리

나사렛 출신 목수 예수는 부유하게 살았을까요? 아버지 요셉과 어머니 마리아는 예수를 궁핍하지 않게 키웠을까요? 목수로 일하면서 부자는 아니지만 그래도 먹고 살 만한 중산층 정도는 되었을까요?

그렇지 않았을 것입니다. 어린 시절 예수의 가정이 가난했다는 증거는 복음서에 있습니다. 당시 유대인은 첫아들을 낳으면 율법에 근거하여 예루살렘 성전에 가서 두 가지 예식을 치러야 했습니다. 그것은 장자를 바치는 예식과 산모의 정결 예식입니다. 장자를 바치는 예식에 대한 율법은 출애굽기 13장 1~2절에 나옵니다. 하나님은 출애굽 때 이집트의 장자는 죽인 반면 이스

라엘의 장자는 살렸기에, 이것을 기억하고 기념하고자 이스라엘 백성은 첫아들을 낳으면 하나님께 바치는 예식을 드렸습니다. 그리고 산모의 정결 예식도 지켰습니다. 유대인은 출산 중 발생하는 출혈을 부정한 것으로 간주해서 산모는 출산 후 일정 기간이 지나면 정결 예식을 드려야 했습니다. 산모의 정결 예식에 대한 율법 규정은 이렇습니다.

> 아들이나 딸이나 정결하게 되는 기한이 차면 그 여인은 번제를 위하여 일 년 된 어린 양을 가져가고 속죄제를 위하여 집비둘기 새끼나 산비둘기를 회막 문 제사장에게로 가져갈 것이요 제사장은 그것을 여호와 앞에 드려서 그 여인을 위하여 속죄할지니 그리하면 산혈이 깨끗하리라 이는 아들이나 딸을 생산한 여인에게 대한 규례니라 그 여인이 어린 양을 바치기에 힘이 미치지 못하면 산비둘기 두 마리나 집비둘기 새끼 두 마리를 가져다가 하나는 번제물로, 하나는 속죄제물로 삼을 것이요. (레위기 12장 6-8절)

정결 예식을 하려면 산모는 번제와 속죄제 이렇게 두 번의 제사를 드려야 했는데, 번제를 위해서는 일 년 된 어린 양 한 마리를, 속죄제를 위해서는 집비둘기 새끼 한 마리나 산비둘기 한 마리를 바쳤습니다. 그런데 예외 조항이 있습니다. 양 한 마리를

바칠 형편이 되지 못하는 가난한 사람은 비둘기 두 마리로 번제물과 속죄제물을 대신할 수 있었습니다.

예수의 어머니 마리아의 경우는 어땠을까요? 마리아도 율법에 따라 장자를 바치는 예식과 산모를 위한 정결예식을 하러 예루살렘에 갔습니다. 그리고 예물을 어떻게 드렸을까요?

> 모세의 법대로 정결예식의 날이 차매 아기를 데리고 예루살렘에 올라가니 이는 주의 율법에 쓴 바 첫 태에 처음 난 남자마다 주의 거룩한 자라 하리라 한 대로 아기를 주께 드리고 또 주의 율법에 말씀하신 대로 산비둘기 한 쌍이나 혹은 어린 집비둘기 둘로 제사하려 함이더라. (누가복음 2장 22-24절)

마리아는 어린 양을 드리지 않았고, 비둘기 두 마리로 번제물과 속죄제물을 대신했습니다. 가난한 자를 위한 예외 조항을 적용받았습니다. 이것이 바로 아기 예수의 부모가 가난했다는 증거입니다. 예수의 가정은 당시 사회가 공적으로 인정하는 가난한 가정이었습니다.

4) 가난한 예수

예수는 가난한 시대를 살았습니다. 당시 이스라엘은 로마 제국주의 치하의 식민지로서 압제당했습니다. 로마의 하수인이었던 헤롯 왕가는 무능력하고 사악했습니다. 땅을 독점한 지주와, 로마와 결탁한 세리는 백성을 수탈했습니다. 대제사장을 비롯한 종교 권력은 백성을 위로하기는커녕 성전과 율법으로 백성을 억압했습니다.

예수는 가난한 동네에 살았습니다. 예수의 고향 나사렛이 위치한 갈릴리의 자연 환경은 풍요로웠습니다. 하지만 그곳의 사람들은 열심히 일해도 그 풍요로운 산물을 누리지 못하고 외세와 권력자에게 갖다 바쳐야 했습니다. 예수는 전쟁에서 남편을 잃은 여인들을 바라보며 부모를 잃은 아이들과 함께 놀며 자랐습니다. 나사렛은 갈릴리에서도 가장 비천한 마을이었습니다. 구약성경에 한 번도 언급되지 못한 불쌍한 동네였습니다. 나사렛 출신 예수는 차별을 감내하며 살아야 했습니다.

예수는 가난한 목수의 아들이었습니다. 땀 흘려 일해서 화려한 신도시를 세웠지만 정작 자신은 그곳에 살 수 없었습니다. 부자들의 집을 지으며 그들의 불의와 타락 속에 감춰진 불안과 빈곤을 보았습니다. 예수는 고향 나사렛 사람들에게조차 차별당하는 직업인 목수의 아들로 자랐습니다.

예수는 가난한 가정에서 자랐습니다. 어머니는 정결 예식을 할 때 다른 사람들처럼 번제물을 드릴 만한 형편이 되지 못했습니다. 목수 아버지가 부자였을 리 없고, 나사렛 가정이 넉넉했을 리 없습니다.

예수는 가난한 사람들과 함께, 가난한 사람들을 위하여 살았습니다. 공생애 기간 중 예수는 가난한 사람들을 손수 찾아가서 하나님 나라 복음을 전하고 먹이고 치료하고 살렸습니다. 예수가 부자나 권력자를 만난 이야기는 그들이 찾아왔기에 만나 준 경우들입니다.

예수는 가난한 자들의 편을 들었습니다. 가난한 자에게 복음을 전하러 오셨고(눅 4:18), 가난한 자들을 위해서 잔치를 베풀라고 하셨고(눅 14:13), 가난한 자에게 재산을 나눠 주라고 하셨습니다(마 19:21). 가난한 자에게 소유의 절반을 준 삭개오(눅 19:8)와 두 렙돈밖에 헌금 못하는 가난한 과부를 칭찬하셨습니다(눅 21:2). 그리고 이런 말씀도 하셨습니다.

> 너희 가난한 자는 복이 있나니 하나님의 나라가 너희 것임이요. (누가복음 6장 20절)

"나쁜 부자가 되지 말라"는 가르침이 사라진 시대에 우리는 살고 있습니다. 고전소설 「홍부전」의 놀부, 찰스 디킨스(Charles

Dickens)이 쓴 「크리스마스 캐럴」의 악명 높은 스크루지, 윌리엄 셰익스피어(William Shakespeare)의 「베니스의 상인」에 등장하는 샤일록 같은 나쁜 부자가 되지 말라는 교육이 과연 지금도 존재하는지 의문입니다. 수단과 방법을 가리지 않고 돈을 벌어 부자가 된 기업가와 재벌의 이야기가 서점에 어린이를 위한 위인전 코너를 장식하고 있습니다. 정직과 성실, 검소와 나눔을 선포해야 할 교회가 돈을 찬양하고 섬기는 맘몬 신앙에 물들었다는 비판에 대해 반론하기 어려운 현실입니다.

왜 하나님은 예수를 가난한 존재로 이 땅에 보냈을까요? 왜 다른 사람처럼 자기 집이나 여관에서 태어나게 하시지 않고 짐승 여물통에서 나게 하셨을까요?(눅 2:7) 얼마든지 풍요롭고 넉넉한 가정에 보낼 수 있었는데 말입니다. 혹시 예수의 가난, 그것이 바로 하나님께서 세상을 구원하시기 위해 보내 주신 메시지, 그 자체는 아닐까요?

2. 그리스도 예수

기독교라는 말이 무슨 뜻인지 아시나요? 의외로 많은 기독교인들은 자기가 믿는 종교의 이름이 무엇을 뜻하는지 잘 모릅니다. 이상하지요? 혹시 지금 이 시대 기독교와 교회와 신앙이 길을 잃고 방황하는 이유가 단순하게도 자기 종교의 이름 뜻도 알지 못한 채 믿음 생활을 하기 때문은 아닐까요? 기독교의 이름 뜻을 알아봅시다.

기독교는 한자로 基督敎입니다. 교(敎)는 종교라는 뜻이고, 기독(基督)은 그리스도의 한문 표현입니다. 마치 프랑스를 불란서(佛蘭西), 네덜란드를 화란(和蘭)이라고 부르는 것처럼 말입니다. 참고로 예수의 한자어는 야소(耶蘇)입니다.

결국 기독교는 그리스도교입니다. 지금도 많은 사람들이 그리스도교라는 표현을 사용하는데, 이름 뜻에서 보듯이 그리스도는 기독교라는 이름 안에 들어 있습니다.그리스도가 기독교의 핵심이요 본질이기 때문입니다. 그렇다면 그리스도는 무슨 뜻일까요?

신약성경에 보면 예수를 부를 때 "예수 그리스도" 또는 "그리

스도 예수"라는 표현을 사용한 경우가 많습니다. 그리스도는 예수와 나란히 등장할 정도로, 예수가 누구인지 설명하는 중요한 키워드입니다. 심지어 예수를 생략하고 그리스도라고만 부르는 곳도 많습니다. 그러면 이제 그리스도의 의미를 살펴서 예수가 누구인지 알아봅시다.

1) 메시아

그리스도는 메시아입니다. 히브리어 메시아를 헬라어로 번역하면 크리스토스(Χριστός) 즉 그리스도가 됩니다. 그 증거는 예수의 제자가 된 안드레가 자기 형제 시몬 베드로에게 예수를 소개하는 장면에 나옵니다. 요한복음의 저자는 메시아의 뜻이 그리스도라고 친절하게 설명했습니다.

> 요한의 말을 듣고 예수를 따르는 두 사람 중의 하나는 시몬 베드로의 형제 안드레라 그가 먼저 자기의 형제 시몬을 찾아 말하되 우리가 메시아를 만났다 하고(메시아는 번역하면 그리스도라). (요한복음 1장 40-41절)

그리스도라는 단어와 개념은 예수가 이 땅에 오기 전부터 존재했습니다. 당시 사람들은 예수 탄생 전부터 그리스도에 대해

이미 알고 있었습니다. 동방으로부터 박사들이 별을 보고 탄생하신 유대인의 왕을 경배하러 왔을 때, 당시 헤롯왕이 했던 말이 그 증거입니다.

> 헤롯왕 때에 예수께서 유대 베들레헴에서 나시매 동방으로부터 박사들이 예루살렘에 이르러 말하되 유대인의 왕으로 나신 이가 어디 계시냐 우리가 동방에서 그의 별을 보고 그에게 경배하러 왔노라 하니 헤롯왕과 온 예루살렘이 듣고 소동한지라 왕이 모든 대제사장과 백성의 서기관들을 모아 그리스도가 어디서 나겠느냐 물으니. (마태복음 2장 1-4절)

당시 사람들은 미래에 태어날 유대인의 왕을 기대하며 그를 히브리어로 메시아, 헬라어로 그리스도라고 불렀습니다. 유대인의 메시아사상은 당시 정치적 상황과도 관련이 깊습니다. 기원전 2~3세기부터 유대교에는 이스라엘을 로마의 압제에서 해방시킬 왕의 출현을 기대하는 사상이 생겼습니다. 로마제국은 이스라엘을 통치하기 위해 헤롯 가문에게 왕좌를 맡겼는데, 당시 유대인은 헤롯왕을 인정하지 않았고 장차 이스라엘을 구원할 진정한 왕, 메시아의 출현을 소망했습니다.

유대인들은 구약의 세 본문을 근거로 메시아가 올 것이라고 믿었습니다. 그것은 야곱의 유언과 발람의 예언과 이사야의

예언입니다.

유다야 너는 네 형제의 찬송이 될지라 네 손이 네 원수의 목을 잡을 것이요 네 아버지의 아들들이 네 앞에 절하리로다 … 규가 유다를 떠나지 아니하며 통치자의 지팡이가 그 발 사이에서 떠나지 아니하기를 실로가 오시기까지 이르리니 그에게 모든 백성이 복종하리로다. (창세기 49장 8-10절)

하나님의 말씀을 듣는 자가 말하며 지극히 높으신 자의 지식을 아는 자, 전능자의 환상을 보는 자, 엎드려서 눈을 뜬 자가 말하기를 내가 그를 보아도 이 때의 일이 아니며 내가 그를 바라보아도 가까운 일이 아니로다 한 별이 야곱에게서 나오며 한 규가 이스라엘에게서 일어나서 모압을 이쪽에서 저쪽까지 쳐서 무찌르고 또 셋의 자식들을 다 멸하리로다. (민수기 24장 16-17절)

이새의 줄기에서 한 싹이 나며 그 뿌리에서 한 가지가 나서 결실할 것이요 그의 위에 여호와의 영 곧 지혜와 총명의 영이요 모략과 재능의 영이요 지식과 여호와를 경외하는 영이 강림하시리니 그가 여호와를 경외함으로 즐거움을 삼을 것이며 그의 눈에 보이는 대로 심판하지 아니하며 그의 귀에 들리는 대로 판단하지 아니하며 공의로 가난한 자를 심판하며 정

> 직으로 세상의 겸손한 자를 판단할 것이며 그의 입의 막대기로 세상을 치며 그의 입술의 기운으로 악인을 죽일 것이며 공의로 그의 허리띠를 삼으며 성실로 그의 몸의 띠를 삼으리라.
> (이사야 11장 1-5절)

유대인들은 야곱의 예언을 근거로 유다 지파 중에서 메시아가 나올 것이라고 믿었고, 발람의 예언에 등장하는 별을 메시아의 상징이라고 생각했습니다. 또한 이사야의 예언에 나오는 이새는 다윗의 아버지이므로 다윗의 자손 중에서 메시아가 탄생하리라고 믿었습니다.

신약성경은 맨 처음부터 예수가 메시아 즉 그리스도라고 말합니다. 신약의 첫 책 마태복음의 맨 첫 구절부터 "아브라함과 다윗의 자손 예수 그리스도의 계보라"며 예수가 그리스도라고 말합니다(마 1:1). 또한 족보를 통해서 예수가 다윗의 자손이라고 증거합니다(마 1:1-17). 그리고 헤롯왕과 대제사장과 서기관들은 미가 예언자의 예언을 통해 메시아가 베들레헴에서 태어날 것을 알았습니다(마 2:4-6). 예수는 베들레헴에서 태어났습니다(마 2:1; 눅 2:1-19). 예수가 태어난 베들레헴은 바로 다윗의 아버지 이새의 고향입니다(삼상 17:12). 베들레헴에서, 유다 족속에서 이스라엘을 다스릴 자가 나올 것이라는 미가 선지자의 예언이 이루어졌습니다.

> 베들레헴 에브라다야 너는 유다 족속 중에 작을지라도 이스라엘을 다스릴 자가 네게서 내게로 나올 것이라 그의 근본은 상고에, 영원에 있느니라. (미가 5장 2절)

예수 자신도 스스로 메시아라고 말했습니다. 예수는 수가성 우물가에서 만난 사마리아 여인에게 자신이 메시아 곧 그리스도라고 시인합니다.

> 여자가 이르되 메시야 곧 그리스도라 하는 이가 오실 줄을 내가 아노니 그가 오시면 모든 것을 우리에게 알려 주시리이다 예수께서 이르시되 네게 말하는 내가 그라 하시니라. (요한복음 4장 25-26절)

당시 유대인들은 예수가 구약이 예언한 메시아라고 인정했습니다. 그래서 제자들과 여인들은 예수를 따라갔고, 헤롯왕과 종교지도자들은 예수를 죽였습니다. 그런데 그들이 기대한 메시아와 예수가 생각한 메시아는 달랐습니다. 예수를 따르거나 죽인 유대인들이 생각한 메시아는 정치적 메시아였습니다. 이스라엘 민족을 이방의 압제로부터 구원할 군사적 인물이었습니다. 예수가 강력한 무력으로 로마를 무너뜨리길 바랐는데, 결국 자기가 기대한 메시아가 아니라는 걸 깨닫고 등졌습니다. 예수가

승천한 후 사도들이 전도하다가 유대인에게 체포되었을 때 율법 교사 가말리엘이 한 발언을 통해, 당시에 정치적 메시아를 자처하다가 실패한 사람들이 여럿이었음을 알 수 있습니다.

예수는 단지 유대민족주의를 만족시키는 메시아가 아니었습니다. 예수의 구원은 강력한 군사력으로 유대 민족을 로마제국으로부터 해방시키는 투쟁이 아니었습니다. 예수는 유대인뿐만 아니라 이방인을 포함한 온 세상을 구원할 메시아였습니다. 예수가 의도한 구원은 로마제국뿐만 아니라 그 이면에 자리잡은 근본적인 문제, 즉 인간이라면 누구나 품고 있는 죄의 문제에 대한 해결이었습니다. 그리고 예수의 구원은 죄인인 인류를 살리기 위해 자기가 속죄 제물이 되어 대신 고난당하고 죽는 희생으로 이뤄지는 사랑의 구원이었습니다. 예수는 자신을 이사야 선지자가 예언한 "고난받는 종" 메시아로 생각했습니다.

> 그는 주 앞에서 자라나기를 연한 순 같고 마른 땅에서 나온 뿌리 같아서 고운 모양도 없고 풍채도 없은즉 우리가 보기에 흠모할 만한 아름다운 것이 없도다 그는 멸시를 받아 사람들에게 버림받았으며 간고를 많이 겪었으며 질고를 아는 자라 마치 사람들이 그에게서 얼굴을 가리는 것같이 멸시를 당하였고 우리도 그를 귀히 여기지 아니하였도다 그는 실로 우리의 질고를 지고 우리의 슬픔을 당하였거늘 우리는 생각하기

를 그는 징벌을 받아 하나님께 맞으며 고난을 당한다 하였노라 그가 찔림은 우리의 허물 때문이요 그가 상함은 우리의 죄악 때문이라 그가 징계를 받으므로 우리는 평화를 누리고 그가 채찍에 맞으므로 우리는 나음을 받았도다 우리는 다 양 같아서 그릇 행하여 각기 제 길로 갔거늘 여호와께서는 우리 모두의 죄악을 그에게 담당시키셨도다. (이사야 53장 2-6절)

유대인은 메시아를 고난받는 종으로 생각하지 않았습니다. 아마도 당시 로마의 폭압이 너무도 악랄했고, 그로 인한 고통이 대단히 처절했기에 보복하는 전쟁만을 생각할 뿐 용서하는 사랑은 상상도 못했던 것 같습니다. 그러나 예수는 달랐습니다. 유대인뿐만 아니라 온 세상에 평화를 이루는 하나님 나라를 회복하는 구원을 위해 목숨까지 바쳤습니다.

예수는 그리스도입니다. 그리스도는 메시아, 즉 구원자입니다. 유대인의 민족 해방만을 이루는 정치적 구원자가 아니라, 하나님께서 선하게 창조하신 온 세상을 망가뜨린 죄의 문제를 해결하고 하나님의 나라를 회복하는 구원자가 바로 예수 그리스도입니다.

2) 기름 부음 받은 자

그리스도의 사전적 의미는 '기름 부음 받은 자'입니다. 당시 이스라엘에서 기름 부음은 무엇을 의미했나요? 유대인은 어떤 경우에, 왜 기름을 부었나요? 기름 부음 받은 자는 누구를 뜻하나요?

이스라엘 사람들은 다양한 경우에 기름을 부었습니다. 화장품으로 사용하여 기쁨을 상징하거나(시 45:7; 104:15), 금식하는 티를 내지 않도록 기름을 발랐습니다(마 6:16-17). 통증을 진정하기 위해서(사 1:6; 겔 16:6-9; 막 6:13; 약 5:14) 또는 장례를 준비하기 위해 시신에 기름을 발랐습니다(막 14:8; 눅 23:55-56). 이런 경우 외에 종교적으로 중요한 의미가 있는 경우에 기름을 붓거나 발랐습니다. 물건을 종교 의식에 사용하려고 봉헌할 때(창 31:13; 출 30:26-29; 40:10-11) 사람에게 특정한 직분이나 사명을 부여할 때 기름을 부었습니다(출 30:30; 40:13).

당시 기름 부음을 받는 직분은 제사장과 선지자와 통치자였습니다. 제사장(출 30:22-33), 선지자(왕상 19:16), 통치자(삼하 2:4; 왕상 1:39; 대상 29:22)를 임명할 때 기름을 부었습니다. 왕은 기름 부음을 통해 신적인 권리를 받고 다스렸습니다(삼상 10:1; 24:6-10). 기름 부음은 어떤 목적을 수행하기 위해 성령의 능력을 받는 것을 의미하기도 했습니다(삼상 10:1-7; 16:13).

구약성경은 기름 부음을 받은 자가 하나님의 다스림을 실현할 것이라고 말합니다(시 2:2; 사 61:1; 단 9:26). 기름 부음을 받은 자 즉 메시아는 헬라어로 번역되어 그리스도가 되었고, 예수를 칭하는 말이 되었습니다. 예수 자신도 공생애 사역을 시작하면서 이사야 61장 1~3절 말씀을 인용하며 자신의 그리스도 사명, 즉 기름 부음 받은 자의 사명을 선포했습니다.

> 구주의 성령이 내게 임하셨으니 이는 가난한 자에게 복음을 전하게 하시려고 내게 기름을 부으시고 나를 보내사 포로 된 자에게 자유를, 눈 먼 자에게 다시 보게 함을 전파하며 눌린 자를 자유롭게 하고 주의 은혜의 해를 전파하게 하려 하심이라 하였더라. (누가복음 4장 18-19절)

그리스도는 사명자입니다. 사명을 위해 기름 부음 받은 자입니다. 제사장, 선지자, 통치자의 사명을 받은 자입니다. 하나님과 인간 사이를 가로막은 죄의 문제를 해결하는 제사장 사명, 하나님의 음성을 전하는 선지자 사명, 그분의 다스림을 실행하는 통치자 사명을 받은 자가 그리스도입니다.

그런데 예수는 기름 부음을 받았나요? 요단강에서 요한에게 세례받을 때 성령 강림으로 기름 부음 받았지만, 실제로 누군가가 예수의 머리에 기름을 붓는 장면이 복음서에 있나요?

네, 있습니다.

> 예수께서 베다니 나병환자 시몬의 집에서 식사하실 때에 한 여자가 매우 값진 향유 곧 순전한 나드 한 옥합을 가지고 와서 그 옥합을 깨뜨려 예수의 머리에 부으니. (마가복음 14장 3절)

예수가 십자가에 달릴 때가 다가오고 있을 때 어떤 여자가 예수에게 기름을 부었습니다. 예수는 그녀가 예수의 장례를 준비하기 위해 기름을 부었다고 말했습니다. 그러면서 "온 천하에 어디서든지 복음이 전파되는 곳에는 이 여자가 행한 일도 말하여 그를 기억하리라"(막 14:9)고 했습니다. 그런데 예수의 장례를 준비하기 위해 기름을 부은 행위가 복음이 전파되는 곳 어디에나 전파되고 기억되어야 할 만큼 중요한가요?

하나님께서는 예수가 세례받고 공생애를 시작할 때 성령으로 기름을 부으시며 사명을 부여하셨습니다. 그 사명은 결국 십자가에서 완성됩니다. 예수가 체포되어 십자가에 매달리기 임박했을 때, 하나님은 한 여자를 통하여 예수에게 다시 기름을 부었습니다. 이번에는 성령이 아닌 실제 기름 부음이었습니다. 이 기름 부음은 예수의 십자가 사명을 재확인하는 기름 부음으로 이해할 수 있습니다.

그런데 왜 하나님은 여자의 손을 통해 기름을 부었을까요?

당시 유대 사회에서 여자는 인간으로 대접받지 못하고 남자에게 천대받던 존재였는데, 왜 남자가 아닌 여자를 통해 기름 부었을까요? 이것은 하나님께서 약자를 위하여, 약자를 통하여 일하신다는 메시지는 아닐까요?

예수는 기름 부음 받은 자, 그리스도입니다. 기름 부음 받은 예수는 하나님으로부터 사명을 받은 자입니다. 온 세상을 위하여 제사장, 선지자, 통치자의 사명을 받은 자가 예수입니다. 연약한 자를 통하여 연약한 자를 위한 사명 받은 그리스도, 그가 바로 예수입니다.

3) 하나님의 아들

예수는 그리스도이고, 그리스도는 하나님의 아들입니다. 복음서를 보면 예수를 그리스도라고 부를 때 '하나님 아들'이라는 칭호와 함께 등장하는 경우가 많습니다. 대표적인 경우가 베드로의 신앙고백입니다. 베드로는 예수를 그리스도라고 인정하며 동시에 하나님의 아들이라고 고백했습니다.

> 이르시되 너희는 나를 누구라 하느냐 시몬 베드로가 대답하여 이르되 주는 그리스도시요 살아 계신 하나님의 아들이시니이다. (마태복음 16장 15-16절)

예수 또한 스스로를 그리스도이며 하나님의 아들이라고 선포했습니다. 예수가 체포되어 대제사장에게 심문받을 때 자신이 그리스도이며 하나님의 아들이라고 숨기지 않고 정체를 드러냈습니다.

> 대제사장이 이르되 내가 너로 살아 계신 하나님께 맹세하게 하노니 네가 하나님의 아들 그리스도인지 우리에게 말하라 예수께서 이르시되 네가 말하였느니라. (마태복음 26장 63-64절)

하나님의 아들이라는 말은 무슨 뜻일까요? 하나님께서 어떤 여신 또는 여인과 관계를 맺으시고 그 사이에서 태어난 여성 아닌 남성 아기가 예수라는 뜻인가요? 말도 안됩니다. 그럴 수 없습니다. 그렇게 생각하면 이단입니다. 그렇다면 하나님의 아들이란 무슨 의미인가요?

하나님의 아들은 생식 개념이 아닙니다. 하나님의 아들은 가부장적인 남성 우월주의 개념도 아닙니다. 그렇다면 무엇인가요? 그 답은 히브리서에 있습니다.

> 옛적에 선지자들을 통하여 여러 부분과 여러 모양으로 우리 조상들에게 말씀하신 하나님이 이 모든 날 마지막에는 아들을 통하여 우리에게 말씀하셨으니 이 아들을 만유의 상속자

로 세우시고 또 그로 말미암아 모든 세계를 지으셨느니라 이는 하나님의 영광의 광채시요 그 본체의 형상이시라 그의 능력의 말씀으로 만물을 붙드시며 죄를 정결하게 하는 일을 하시고 높은 곳에 계신 지극히 크신 이의 우편에 앉으셨느니라.

(히브리서 1장 1-3절)

하나님의 아들은 만유의 상속자이고, 하나님의 영광의 광채이며, 본체의 형상이며, 우편에 앉는 자입니다. 하나님의 아들은 하나님의 소유를 물려받을 자이고, 하나님의 영광을 드러내는 존재이며, 하나님을 계시하는 형상이고, 하나님 바로 곁에 나란히 앉는 자입니다. 이게 무슨 뜻인가요? 쉽게 이야기해 봅시다.

아들은 아버지를 대신합니다. 아버지 대신 역할을 수행합니다. 아들은 아버지의 뜻을 이해합니다. 누구보다도 아버지의 의중을 잘 알고 헤아립니다. 아들은 아버지를 닮았습니다. 그래서 아들을 보면 아버지의 얼굴이 보입니다. 아들은 아버지께 순종합니다. 아버지께 순종하지 않는 아들은 아들이라고 할 수 없습니다. 아들은 아버지의 소유를 유산으로 물려받습니다. 때가 되면 아들은 아버지의 재산권을 동등하게 행사하게 됩니다. 그런 의미에서 예수는 하나님의 아들입니다.

예수는 하나님을 대신했습니다. 성부 하나님을 대신하여 세상을 구원하는 사명을 수행하러 성육신했습니다. 예수는 하나

님의 뜻을 정확히 이해했습니다. 누구보다도 그분의 크고 깊은 계획을 잘 알고 가르쳤습니다. 예수는 하나님을 닮았습니다. 그의 삶을 보면 거룩하시고 전능하신 하나님을 볼 수 있습니다. 예수는 하나님께 순종했습니다. 그분의 뜻에 순종하여 묵묵히 고난의 길, 십자가의 길을 갔습니다. 예수는 하나님의 소유인 온 세상을 상속합니다. 그는 하나님 우편에서 동등하게 온 세상의 통치권과 심판권을 행사합니다. 그런 의미에서 예수는 하나님의 아들입니다.

여기서 순종이 중요합니다. 예수는 하나님의 아들로서 하나님께 순종했습니다. 순종했기에 하나님을 대신할 수 있었고 그분의 뜻을 이해할 수 있었습니다. 순종했기에 하나님을 닮았고, 만유를 상속하게 되었습니다. 하나님께서 부여하신 구원의 사명에 순종한 하나님의 아들, 그가 바로 예수 그리스도입니다.

4) 그리스도인

익투스를 아시나요? 초대교회 교인들은 물고기 그림으로 자신의 정체성을 드러냈습니다. 왜 그랬을까요? 물고기라는 뜻을 가진 헬라어 단어가 익투스(ΙΧΘΥΣ)입니다. 익투스의 철자인 헬라어 알파벳 다섯 개는 바로 초대교회의 신앙고백을 담은 키워드 다섯 개의 앞 철자입니다. 이오타(Ι)는 이에수스(Iησους) 예

로마 카타콤에 남겨진 초대교회 그리스도인을 상징한 물고기 벽화.
(출처: Therese Hansen / Shutterstock.com)

수이고, 키(X)는 크리스토스(Χριστος) 그리스도이고, 세타(Θ)는 데우(Θεους) 하나님이고, 입실론(Υ)은 휘오스(Υιος) 아들이고, 시그마(Σ)는 소테르(Σωτηρ) 구원자입니다. 이렇게 다섯 단어를 합치면 초대교회가 목숨을 걸고 순교를 감수하며 은밀하게 간직했던 신앙고백이 완성됩니다. "예수 그리스도는 하나님의 아들이며 구원자이시다."

예수는 그리스도, 구원자입니다. 유대인뿐만 아니라 온 세상을 구원하러 오신 분입니다. 예수는 기름 부음 받은 자, 사명자입니다. 구원의 사명을 받고 이 땅에 오신 분입니다. 예수는 하나님의 아들, 순종자입니다. 구원의 사명을 받고 죽기까지 순종하신 분이 바로 예수입니다. 그런데 그게 우리와 무슨 상관이 있습니까? 우리는 그리스도가 아닙니다. 하지만 우리는 "그리스도

인"입니다.

> 바나바가 사울을 찾으러 다소에 가서 만나매 안디옥에 데리고 와서 둘이 교회에 일 년간 모여 있어 큰 무리를 가르쳤고 제자들이 안디옥에서 비로소 그리스도인이라 일컬음을 받게 되었더라. (사도행전 11장 25-26절)

초대교회 때부터 예수 그리스도를 따르는 자들을 그리스도인이라고 불렀습니다. 당시 사람들은 십자가에 달려 죽은 예수에 흠뻑 빠져서 예수처럼 사는 자들을 조롱하며 그리스도인이라고 불렀습니다. 지금 식으로 말하자면 예수쟁이쯤 되겠습니다. 예수를 믿고 따르는 모든 자는 그리스도인입니다.

그리스도는 기름 부음 받은 자라는 뜻인데, 그러면 그리스도인도 기름 부음 받은 자인가요? 기름 부음은 교회에서 특별한 직분과 은사를 받은 사람들에게만 해당하는 말인가요? 아닙니다.

> 우리를 너희와 함께 그리스도 안에서 굳건하게 하시고 우리에게 기름을 부으신 이는 하나님이시니 그가 또한 우리에게 인치시고 보증으로 우리 마음에 성령을 주셨느니라. (고린도후서 1장 21-22절)

성령을 받은 그리스도인은 모두 하나님께서 기름 부으신 자입니다. 목사나 장로나 특별한 은사를 받은 자만 성령을 받나요? 아닙니다. 모든 그리스도인은 마음에 죄악의 영, 교만의 영, 탐욕의 영을 몰아내고 성령을 받아야 합니다. 모든 그리스도인은 기름 부음 받은 자입니다.

하나님의 아들은 어떻습니까? 예수 그리스도만 하나님의 아들, 즉 하나님의 자녀인가요? 아닙니다.

> 무릇 하나님의 영으로 인도함을 받는 사람은 곧 하나님의 아들이라 (로마서 8장 14절)

> 영접하는 자 곧 그 이름을 믿는 자들에게는 하나님의 자녀가 되는 권세를 주셨으니 이는 혈통으로나 육정으로나 사람의 뜻으로 나지 아니하고 오직 하나님께로부터 난 자들이니라.
>
> (요한복음 1장 12-13절)

성령을 받고 그 인도하심에 따라 사는 그리스도인은 누구나 하나님의 아들/딸입니다. 예수 그리스도를 나의 구원자로 주님으로 하나님으로 받아들이고 거듭난 자는 누구나 하나님의 자녀입니다.

예수는 그리스도입니다. 하나님으로부터 구원의 사명을 받

고 순종했습니다. 우리는 그리스도인입니다. 우리도 그리스도처럼 온 세상을 구원하는 사명을 받고 여기에 순종하는 자들입니다. 그리스도인이 '된다'는 것은 바로 그리스도처럼 '산다'는 의미입니다. 예수 그리스도를 믿고 그가 가신 길을 따라가는 그리스도인이 됩시다.

3. 주 예수

예수가 누구인지 살펴보고 있습니다. 예수를 부를 때 함께 사용하는 단어의 의미를 통해서 예수는 과연 어떤 분인지 알아보고 있습니다. 갈릴리의 가난한 동네 출신 나사렛 예수, 구약성경이 예언한 메시아 그리스도 예수와 함께, 신약성경에 많이 등장하는 호칭은 '주 예수'입니다.

'주'는 한 글자에 불과합니다. 그리고 성경에 많이 등장합니다. 그래서 그 의미를 깊게 생각하지 않고 쉽게 넘어가기 쉽습니다. 종종 뒤에 존칭어 '님'을 붙여 주님이라고 부르는 것을 보면 이 한 글자를 뭔가 존경할 만한 상대를 부를 때 사용했음을 알 수 있습니다. 과연 예수를 주 예수라고 부를 때 거기에는 어떤 뜻이 담겨 있을까요?

1) 주인

'주'는 한문으로 主, 주인이라는 뜻입니다. 헬라어로 '주'는 퀴리오스(κύριος)입니다. 신약성경을 보면 당시 사람들이 예수를

주, 퀴리오스라고 부르는 장면이 많습니다. 그중 하나, 마태복음에 등장하는 대목을 살펴보면 이렇습니다.

> 예수께서 가버나움에 들어가시니 한 백부장이 나아와 간구하여 이르되 주여 내 하인이 중풍병으로 집에 누워 몹시 괴로워하나이다 이르시되 내가 가서 고쳐 주리라 백부장이 대답하여 이르되 주여 내 집에 들어오심을 나는 감당하지 못하겠사오니 다만 말씀으로만 하옵소서 그러면 내 하인이 낫겠사옵나이다 나도 남의 수하에 있는 사람이요 내 아래에도 군사가 있으니 이더러 가라 하면 가고 저더러 오라 하면 오고 내 종더러 이것을 하라 하면 하나이다. (마태복음 8장 5-9절)

백부장은 휘하에 로마 군인 100명을 거느린 장교입니다. 우리나라 군대로 치면 중대장급 되지 않을까 싶습니다. 그의 하인 중 한 명이 중풍병에 걸리자 예수에게 치료를 요청했습니다. 그러면서 예수에게 '주'라는 부름말을 사용했습니다.

예수가 백부장의 하인을 고쳐 주겠다고 하자 백부장은 예수가 자기 집에 오는 것을 막았습니다. 왜 그랬을까요? 자기가 유대인이 아니라 이방인이기 때문이었을까요? 죄인이라서 부끄러워서 그랬을까요? 그럴 수 있습니다만, 문맥상 백부장이 말하는 것을 보면 다른 이유가 있어 보입니다. 로마 군인 백부장은 예수

를 자기가 감당할 수 없는 높은 분으로 생각했습니다. 상하 계급 관계가 엄격한 군대 문화에 투철한 백부장은 예수를, 자기가 "이리 와라" 명령할 수 있는 부하가 아니라 자기보다 높은 상관으로 생각했습니다. 그리고 예수의 능력을 크게 보아서 굳이 오실 필요없이 말씀만 하셔도 하인이 나을 수 있다고 믿었습니다.

당시 로마 시대의 사회 구조는 후원자-피후원자 관계로 엮여 있었습니다. 맨 위 황제와 맨 아래 최하급 노예를 제외하고, 대부분의 사람들은 모시는 주인과 거느리는 하인의 사이에 놓여 있었습니다. 이런 철저한 신분 사회 아래에서 자기 윗사람을 부르는 말이 바로 '주', 퀴리오스였습니다. '주'는 일상에서 자기보다 높은 지위에 있는 사람을 '나의 주인님'라고 부르는 말이었고, 그렇게 부름으로써 그의 권위를 인정했습니다.

예수는 당시에 '주'라는 호칭을 듣는 존경받는 분이었습니다. 어디서도 들어 본 적 없는 말씀을 가르치는 권위 있는 선생님이었고, 병자를 고치고 죽은 자를 살리는 놀라운 기적을 행하는 분이었습니다. 로마 장교 백부장도 '주'라고 인정하는 분이 예수였습니다. 그런데 이런 일상적인 의미보다 더 큰, 그 이상의 의미로 '주'라는 호칭을 사용하는 경우가 많았습니다.

2) 신

'주'는 종교적 의미로 '신'(神)을 뜻하기도 했습니다. 로마 시대는 다신교 사회였습니다. 그리스 신화를 본떠서 로마의 신화를 만들고, 세상의 유래와 목적과 이치를 설명하는 데 사용했습니다. 당시의 신화는 지금으로 치면 학문이나 과학이나 정치 원리와 비슷합니다. 사람들은 자기가 믿는 신을 잘 섬겨야 세상에서 복을 누리고 해를 입지 않고 살 수 있다고 생각했습니다.

당시 그리스-로마 문화의 사람들은 많은 신들을 섬겼습니다. 제우스는 신들의 왕이자 정의의 신이며, 헤라는 신들의 여왕이자 여성과 결혼과 양육의 여신이었습니다. 바다의 신 포세이돈, 사랑과 아름다움의 여신 아프로디테, 태양과 진리의 신 아폴론, 전쟁의 신 아레스, 상업과 체육의 신 헤르메스 등 다양한 신들을 섬기며 살았습니다. 성경에 그 신들의 이름이 등장합니다. 사도행전을 보면 바울이 루스드라에서 나면서부터 걷지 못하는 사람을 고쳤습니다. 그때 사람들이 놀라서 바울과 바나바를 신이라고 부릅니다.

> 무리가 바울이 한 일을 보고 루가오니아 방언으로 소리 질러 이르되 신들이 사람의 형상으로 우리 가운데 내려오셨다 하여 바나바는 제우스라 하고 바울은 그 중에 말하는 자이므

> 로 헤르메스라 하더라. (사도행전 14장 11-12절)

신들의 이름은 에베소에서 신상 모형을 만들어 파는 직공들이 폭동을 일으킬 때도 등장합니다. 바울이 사람의 손으로 만든 것은 신이 아니라고 하자 분노한 사람들은 소동을 일으켰습니다.

> 그들은 그가 유대인인 줄 알고 다 한소리로 외쳐 이르되 크다 에베소 사람의 아데미여 하기를 두 시간이나 하더니 서기장이 무리를 진정시키고 이르되 에베소 사람들아 에베소 시가 큰 아데미와 제우스에게서 내려온 우상의 신전지기가 된 줄을 누가 알지 못하겠느냐. (사도행전 19장 34-35절)

이렇게 종교적 의미에서 출발한 '주'는 정치적 의미를 함께 갖게 되었습니다. 동서양을 막론하고 고대 사회에서는 왕이 자기를 신 또는 신의 아들로 자처하는 경우가 많았습니다. 신이 이 세상을 다스리며 자기가 신의 통치를 대행하는 자라고 주장했습니다. 이렇게 왕권의 근거를 신으로부터 찾으면서 정치를 안정시키려고 했는데 로마도 마찬가지였습니다.

더구나 정통성이 약한 권력일수록 자신을 신격화하여 정권의 정당성을 찾으려는 시도가 더 강했습니다. 로마의 역사를 보

로마제국 2대 황제 티베리우스(재위 AD 14~37)가 그려진 동전.
(출처: Eduardo Estellez / Shutterstock.com)

면 황제의 자리를 차지하기 위한 암투가 등장합니다. 유혈 쿠데타를 일으켜 경쟁자를 죽이고 황제에 오른 사람들은 통치의 정당성이 약했기에 자기 권력이 신으로부터 왔다고 더욱 강하게 주장했습니다. 로마 황제가 자신을 신격화한 증거는 당시 동전에서 찾을 수 있습니다. 그 당시 동전을 보면 가운데 황제의 옆얼굴이 있고, 그 둘레에 라틴어로 글자가 쓰여 있는데 약어가 많습니다. 그 뜻을 살펴보면 AETERNA는 '영원한'이고, DV는 DIVUS의 약자로 '신'이고, DN은 DOMINUS NOSTER의 줄임말로서 '우리 주'입니다.

이렇게 당시에 황제 숭배라는 종교가 나타났습니다. 곳곳에 황제의 형상을 세우고 절하게 했습니다. 종교가 정치화되고, 정치가 종교화된 우상숭배가 만연했습니다. 그러나 초대교회에서는 황제를 신으로 떠받들어 절하지 않았고 많은 신자들이 순교당했습니다.

그들은 왜 황제 숭배를 할 수 없었을까요? 그들은 다른 주를

섬겼기 때문입니다. 사람들은 로마의 신과 황제를 '주'라고 불렀으므로 당시에는 많은 '주들'이 있었습니다. 고린도전서에 그 내용이 나옵니다.

> 비록 하늘에나 땅에나 신이라 불리는 자가 있어 많은 신과 많은 주가 있으나 그러나 우리에게는 한 하나님 곧 아버지가 계시니 만물이 그에게서 났고 우리도 그를 위하여 있고 또한 한 주 예수 그리스도께서 계시니 만물이 그로 말미암고 우리도 그로 말미암아 있느니라. (고린도전서 8장 5-6절)

당시에 '많은 신', '많은 주'가 있었습니다. 하늘에 있는 자는 신을, 땅에 있는 자는 황제를 일컫습니다. 그러나 바울은 그리스도인에게는 '많은' 신과 주가 아니라 '한' 하나님만 있다고 말합니다. 그리고 '한' 주가 있다고 말하며, 그 한 하나님과 한 주가 만물의 유래이며 목적이라고 주장합니다. 그 '한 주'가 바로 예수입니다.

예수는 로마의 신과 황제와 대치되는 인물이었습니다. 당시 사람들은 많은 신으로부터 이 세상이 나왔고, 많은 주가 이 세상을 다스린다고 믿었습니다. 그러나 초대교회는 이런 세상의 믿음에 동의하지 않았습니다. 예수가 바로 주이고 신이라고 믿었습니다. 예수를 주님으로 고백한다는 것은 하나님께서 창조하

시고 통치하시는 나라, 예수가 선포하고 다스리는 나라, 즉 하나님 나라의 백성으로 산다는 것을 의미했습니다.

3) 하나님

초대교회가 예수를 주라고 부른 것은 결국 예수를 하나님이라고 고백한 것입니다. 그런데 어떻게 구약성경이 말하는 유일하신 여호와 하나님을 믿는 유대 기독교인이, 인간으로 온 예수를 감히 하나님이라고 불렀을까요? 그것은 성경 번역과 관련 있습니다.

유대인은 구약성경에 등장하는 히브리어 하나님의 이름 야웨(YHWH)를 발음하지 않았습니다. 왜냐면 혹시라도 "너의 하나님 여호와의 이름을 망령되이 일컫지 말라"(출 20:7)는 십계명을 어길까 두려웠기 때문입니다. 그래서 대신 '나의 주님'이라는 뜻을 가진 '아도나이'로 발음했습니다. 지금 우리가 사용하는 여호와라는 말은 중세 때 야웨의 자음과 아도나이의 모음을 결합하여 탄생한 단어입니다.

예수 당시 유대인들은 히브리어가 아닌 헬라어로 번역된 구약성경을 읽었습니다. 이것을 70인역(셉투아진트, LXX)이라고 부릅니다. 70명이 각자 따로 번역했는데 마지막에 비교해 보니 각 번역이 서로 일치했다는 전설에서 비롯된 말입니다. 헬라어 구

약성경인 70인역은 히브리어 야웨를 주, 퀴리오스라고 번역했습니다.

초대교회는 구약성경에서 여호와 하나님에 대하여 말한 구절을 예수에게 적용하여 이해했습니다. 예수를 하나님이라는 의미로 '주'라고 부른다는 것에는 어떤 의미가 있을까요? 구원자, 심판자, 통치자, 이렇게 세 가지로 말씀드리겠습니다.

첫째로 주 예수는 구원자입니다. 구약에서 요엘 예언자는 다가오는 심판의 날, 즉 여호와의 날에 구원을 얻을 수 있는 방법을 알려주었습니다. 그것은 여호와의 이름을 부르는 것입니다.

> 누구든지 여호와의 이름을 부르는 자는 구원을 얻으리니.
> (요엘 2장 32절)

신약성경 사도행전에 보면, 오순절에 베드로가 성령을 받고 설교하는 장면이 나옵니다. 그때 위 요엘서의 본문을 인용했습니다. 그런데 잘 보면 '여호와의 이름'이 '주의 이름'으로 바뀐 것을 알 수 있습니다.

> 누구든지 주의 이름을 부르는 자는 구원을 받으리라 하였느니라. (사도행전 2장 21절)

말씀드렸듯이, 이것은 히브리어 구약성경을 헬라어로 번역하면서 야웨를 퀴리오스로 번역했기 때문입니다. 그런데 계속 읽어 보면 여기서 '주'는 여호와 하나님이 아닌 예수를 일컫는 말입니다. 초대교회는 십자가에 못 박힌 예수를 하나님께서 세상을 구원할 주가 되게 하셨다고 믿었습니다.

> 그런즉 이스라엘 온 집은 확실히 알지니 너희가 십자가에 못 박은 이 예수를 하나님이 주와 그리스도가 되게 하셨느니라 하니라. (사도행전 2장 36절)

둘째로 주 예수는 심판자입니다. 구약 예언자들은 세상 끝에 여호와 하나님의 심판의 날이 온다고 경고했습니다. 그날은 어둠의 날이며, 그날을 기다린다고 하면서 불의를 행하는 자들을 질타했습니다.

> 여호와의 크고 두려운 날이 이르기 전에 해가 어두워지고 달이 핏빛같이 변하려니와. (요엘 2장 31절)

> 화 있을진저 여호와의 날을 사모하는 자여 너희가 어찌하여 여호와의 날을 사모하느냐 그 날은 어둠이요 빛이 아니라. (아모스 5장 18절)

신약으로 넘어오면 '여호와의 날'이 '주의 날', '주 예수 그리스도의 날'이 됩니다. 구약에 예언된 심판의 날이 예수를 통해서, 예수에 의해서 성취된다는 뜻입니다. 예수를 마지막 날에 심판하시는 '주'로 이해했습니다.

> 형제들아 때와 시기에 관하여는 너희에게 쓸 것이 없음은 주의 날이 밤에 도둑 같이 이를 줄을 너희 자신이 자세히 알기 때문이라. (데살로니가전서 5장 1-2절)

> 주께서 너희를 우리 주 예수 그리스도의 날에 책망할 것이 없는 자로 끝까지 견고하게 하시리라. (고린도전서 1장 8절)

셋째로 주 예수는 통치자입니다. 이사야는 이 세상 마지막 심판의 날에 세상 모든 사람들이 여호와 하나님께 무릎을 꿇는다고 했습니다. 그리고 그들이 하나님 외에 다른 신이 없다고 맹세한다고 예언했습니다.

> 땅의 모든 끝이여 내게로 돌이켜 구원을 받으라 나는 하나님이라 다른 이가 없느니라 내가 나를 두고 맹세하기를 내 입에서 공의로운 말이 나갔은즉 돌아오지 아니하나니 내게 모든

무릎이 꿇겠고 모든 혀가 맹세하리라 하였노라.

(이사야 45장 22-23절)

바울이 빌립보 교회에 보낸 편지를 보면 구약의 이사야가 하나님에 대해 말한 구절을 예수에게 적용했습니다. 무릎 꿇고 입(혀)으로 시인(맹세) 할 대상이 예수라고 말입니다. 바울은 아버지 하나님께서 아들 예수를 통해 이사야의 예언을 성취하신다고 가르쳤습니다. 마지막 날 세상에 군림하는 통치자가 바로 주 예수라는 뜻입니다.

이러므로 하나님이 그를 지극히 높여 모든 이름 위에 뛰어난 이름을 주사 하늘에 있는 자들과 땅에 있는 자들과 땅 아래에 있는 자들로 모든 무릎을 예수의 이름에 꿇게 하시고 모든 입으로 예수 그리스도를 주라 시인하여 하나님 아버지께 영광을 돌리게 하셨느니라. (빌립보서 2장 9-11절)

예수는, 하나님께서 이 세상의 구원자, 심판자, 통치자 되게 하신 주 예수입니다. 구약의 예언자들이 예언한 하나님의 구원, 심판, 통치가 예수를 통해서 성취된다는 뜻입니다. 그런 의미에서 예수는 스스로 증언했듯이 하나님과 하나이고, 도마가 고백했듯이 주님이며 하나님 그 자신입니다.

나와 아버지는 하나이니라. (요한복음 10장 30절)

도마에게 이르시되 네 손가락을 이리 내밀어 내 손을 보고 네 손을 내밀어 내 옆구리에 넣어 보라 그리하여 믿음 없는 자가 되지 말고 믿는 자가 되라 도마가 대답하여 이르되 나의 주님이시요 나의 하나님이시니이다. (요한복음 20장 27-28절)

4) 인자

주 예수는 하나님입니다. 세상을 구원하고 심판하고 통치하는 하나님의 사역을 행하는 분이 바로 주 예수입니다. 그런데 복음서에 보면 예수가 자기 자신을 '인자'라고 말한 대목이 많습니다. '인자'는 사람의 아들(人子)이라는 뜻입니다.

예수께서 빌립보 가이사랴 지방에 이르러 제자들에게 물어 이르시되 사람들이 인자를 누구라 하느냐. (마태복음 16장 13절)

이러므로 인자는 안식일에도 주인이니라. (마가복음 2장 28절)

인자가 온 것은 잃어버린 자를 찾아 구원하려 함이니라. (누가복음 19장 10절)

지금까지 주 예수가 하나님이라는 내용을 살펴봤는데, 갑자기 예수가 인자 즉 사람의 아들이라니, 이건 무슨 말인가요? 기독교를 비판하는 사람들이 말하듯이, 예수는 스스로를 사람의 아들이라고 불렀는데 후대 기독교인들이 예수를 하나님의 아들로 신성화시켰나요? 그렇지 않습니다. 다니엘서를 통해서 당시 유대인은 인자라는 말을 어떻게 이해했는지 살펴봅시다.

> 내가 또 밤 환상 중에 보니 인자 같은 이가 하늘 구름을 타고 와서 옛적부터 항상 계신 이에게 나아가 그 앞으로 인도되매 그에게 권세와 영광과 나라를 주고 모든 백성과 나라들과 다른 언어를 말하는 모든 자들이 그를 섬기게 하였으니 그의 권세는 소멸되지 아니하는 영원한 권세요 그의 나라는 멸망하지 아니할 것이니라. (다니엘 7장 13-14절)

이 본문은 다니엘이 바벨론 궁정에서 포로 생활을 할 때, 하나님으로부터 받은 미래에 대한 환상을 기록한 내용입니다. 여기 보면 "인자 같은 이"가 나옵니다. 그는 "옛적부터 항상 계신 이"이신 하나님에게 권세와 영광과 나라를 받는 자이며, 모든 자들이 그를 섬기게 되고 그의 나라는 영원하다고 합니다.

예수를 포함한 당시 유대인은 이 환상의 예언을 알고 있었습니다. 예수가 자신을 인자라고 부를 때 하나님이 아닌 인간의

아들이라는 의미로 칭한 것이 아니라, 이 다니엘의 예언에 등장하는 '인자 같은 이'가 바로 자기 자신이라고 말한 것입니다. 그래서 복음서를 잘 보면 예수는 자신을 하나님의 권세로 세상을 심판하고 다스릴 자로 부를 때 인자라는 표현을 사용합니다.

> 예수께서 이르시되 내가 그니라 인자가 권능자의 우편에 앉은 것과 하늘 구름을 타고 오는 것을 너희가 보리라 하시니.
> (마가복음 14장 62절)

> 아버지께서 자기 속에 생명이 있음같이 아들에게도 생명을 주어 그 속에 있게 하셨고 또 인자됨으로 말미암아 심판하는 권한을 주셨느니라. (요한복음 5장 26-27절)

그런데 인자이신 예수의 심판과 통치는 어떻게 임하나요? 마치 로마의 황제처럼, 헤롯왕과 권세자들처럼, 율법과 성전을 쥐고 위세를 떠는 유대의 종교 권력자들처럼 점령하고 군림하는 모습으로 나타나나요? 아닙니다. 그 반대입니다. 복음서에 나오는 다음 세 구절이 예수의 통치 방식을 설명해 줍니다.

> 인자가 온 것은 섬김을 받으려 함이 아니라 도리어 섬기려 하고 자기 목숨을 많은 사람의 대속물로 주려 함이니라.

(마태복음 20장 28절)

인자가 많은 고난을 받고 장로들과 대제사장들과 서기관들에게 버린 바 되어 죽임을 당하고 사흘 만에 살아나야 할 것을 비로소 그들에게 가르치시되. (마가복음 8장 31절)

예수께서 이르시되 내가 진실로 진실로 너희에게 이르노니 인자의 살을 먹지 아니하고 인자의 피를 마시지 아니하면 너희 속에 생명이 없느니라. (요한복음 6장 53절)

예수는 예상외의 방식으로 세상을 통치하는 인자입니다. 그분의 삶을 보면 예수는 섬김으로 통치하는 인자입니다. 체포되어 고난받고 십자가에 달려 죽음으로 통치하는 인자입니다. 자기 백성을 위해 자기의 살과 피를 나눠 줌으로써 세상으로 다스리는 인자입니다. 예수는 섬김과 고난과 희생으로 우주를 다스리는 통치자, 인자입니다. 그분이 바로 주 예수입니다.

5) 통치

그리스도인은 예수를 주님으로 고백하는 사람들입니다. 예수를 주님으로 고백하는 자는 예수의 통치, 즉 다스림을 인정하

고 받아들이는 자입니다. 예수의 통치가 이뤄지는 나라가 바로 예수가 전하는 하나님 나라입니다. 주 예수의 통치는 어떤 통치인가요?

> 그는 근본 하나님의 본체시나 하나님과 동등됨을 취할 것으로 여기지 아니하시고 오히려 자기를 비워 종의 형체를 가지사 사람들과 같이 되셨고 사람의 모양으로 나타나사 자기를 낮추시고 죽기까지 복종하셨으니 곧 십자가에 죽으심이라 이러므로 하나님이 그를 지극히 높여 모든 이름 위에 뛰어난 이름을 주사 하늘에 있는 자들과 땅에 있는 자들과 땅 아래에 있는 자들로 모든 무릎을 예수의 이름에 꿇게 하시고 모든 입으로 예수 그리스도를 주라 시인하여 하나님 아버지께 영광을 돌리게 하셨느니라. (빌립보서 2장 6-11절)

예수는 지극히 높은 분입니다. 모든 이름 위에 뛰어난 이름을 받은 분이기에 모든 자들이 무릎을 꿇고 예수를 주라고 시인합니다. 과연 예수는 주님입니다. 그런데 그분의 이 놀라운 주 되심은 어떻게 이뤄지고 지속되나요?

예수는 하나님과 동등하지만, 스스로 그것을 포기했습니다. 자기를 비우고 낮춰 종이 되었습니다. 하나님과 본체인 분이 인간이 되어 죽기까지 복종하여 결국 십자가에서 죽었습니다. 그

렇게 함으로써 하나님의 통치를 이루었습니다.

예수는 주님으로서 세상을 권력과 재력과 폭력으로 통치하나요? 세상 사람들은 그렇게 합니다. 그래서 이 세상이 죄악 세상입니다. 예수를 통한 하나님의 통치는 그렇게 이뤄지지 않고, 비우고 낮추며 복종함으로써 이뤄집니다.

예수를 주님으로 섬기는 자는 주 예수께 순종하여 그분의 통치 방식대로 삽니다. 그것은 부와 명예와 권세를 쟁취하기 위한 분투가 아닙니다. 자기를 비우고 낮추며 하나님께 복종하며 살기 위한 노력입니다. 주 예수가 생각한 하나님 나라는 그런 나라입니다.

예수를 주로 섬기는 그리스도인은 세상을 다스리며 삽니다. 창조 명령에 따라 생육하고 번성하여 땅에 충만하고 정복합니다. 그런데 그 정복은 세상의 정복과 다릅니다. 비움과 낮춤과 복종으로 이뤄지는 정복입니다.

기독교는 가난한 자로서 가난한 자를 위해 살았던 나사렛 예수를 믿습니다. 구원의 사명에 순종하신 그리스도 예수를 따릅니다. 섬김으로 세상을 통치하는 주 예수를 예배합니다. 나사렛 예수, 그리스도 예수, 주 예수를 믿고 따르고 예배하는 당신이 바로 기독교인입니다.

Ⅱ. 믿음

4. 믿음 알기

5. 믿음 심기

6. 믿음 살기

"믿습니까? 믿으시면 아멘 하시기 바랍니다." 이런 말 들어 보셨나요? 제가 전에 다녔던 교회에서는 목사님이 설교 중에 이런 말씀을 자주했습니다. 교회에 가면 "믿어야 한다", "믿어야 산다", "믿어야 구원받는다"는 말을 종종 듣습니다. 그런데 무엇을 믿으라는 말인가요? 믿음의 내용이 무엇인가요?

의외로 많은 기독교인들은 무엇을 믿는지 잘 모릅니다. 자기 믿는 내용을 말해 보라고 하면 제대로 답하지 못합니다. 말하더라도 목사님의 가르침을 단순 암기해서 반복할 뿐입니다. 그래서 다른 사람에게 자기가 믿는 내용을 잘 설명하고 설득하지 못합니다. 그래서 전도를 못합니다.

믿음의 내용을 알지 못하는 이유는 사실 관심이 없기 때문입니다. 상당수 기독교인들은 자기가 믿는 신앙의 '내용'보다, 믿음을 통해 기대하는 '결과'에 더 관심이 많습니다. "무엇을 믿는가"보다 "믿어서 무엇을 얻을 수 있나"를 중요하게 생각합니다. 크리스마스 때 아이들이 산타클로스를 기다린다고 하지만, 사실

은 선물을 기다리는 것처럼 말입니다. 하나님을 믿는다는 사실보다 그 결과로 자기가 이 세상에서 성공하는 데 관심 있고, 예수를 믿는 것보다 그 결과로 내세에 천국 가는 것에 집중합니다. 그래서 무엇을 믿는지는 잘 모릅니다. 믿어서 얻는 이익을 목표로 삼고 있기 때문입니다.

기독교에서 믿음의 내용은 예수이고, 예수를 믿음이 기독교 신앙입니다. 그런데 예수를 믿는다는 말은 무슨 뜻인가요? 예수의 무엇을 믿는다는 말인가요? 예수가 실존 인물임을 믿는 건가요? 예수가 하나님의 아들임을 믿는다는 뜻인가요?

4. 믿음 알기

예수와 믿음을 연결해서 말할 때 우리는 두 가지 방식을 사용할 수 있습니다. 첫 번째는 '예수를 믿음'입니다. 목적격 조사 "~를"을 사용하면 예수는 믿음의 대상이 됩니다. '예수를 믿음'은 예수가 공생애 기간에 보여 준 삶과 가르침을 믿는 것입니다. 그렇다면 성경에 기록된 예수의 삶과 가르침의 내용에 대한 앎이 중요합니다. 그런데 보다 근본적인 질문이 있습니다. 그것은 예수의 삶과 가르침의 이유입니다. 예수는 왜 그런 삶을 살았나요? 왜 그렇게 가르쳤나요?

이 질문에 대답하려면 우리는 예수와 믿음을 연결하는 두 번째 방식을 살펴봐야 합니다. 그것은 '예수의 믿음'입니다. 소유격 조사 '~의'를 사용하면 예수가 품었던 믿음에 관심을 갖게 됩니다. 예수가 품었던 믿음을 알면 왜 예수가 그렇게 살고 가르쳤는지, 왜 서른 살에 가족을 버려 두고 특별한 삶을 살다 죽고 부활하게 되었는지를 알게 됩니다. 그럴 때 비로소 "예수를 믿는다"는 말의 뜻을 알게 됩니다.

'예수의 믿음'을 알지 못하면 '예수를 믿음'은 맹목이 되기 쉽습

니다. 예수가 단순한 숭배의 대상이 되고 맙니다. 예수가 왜 그렇게 살았는지 알지 못하면, 우리는 왜 예수를 믿어야 하는지 알지 못하게 됩니다.

'예수를 믿음'과 '예수의 믿음'은 별개가 아닙니다. 서로 연결되어 결국 예수를 믿는다는 말은 예수가 가졌던 믿음을 갖는다는 말입니다. 예수가 가졌던 믿음을 알아야 예수가 요구한 믿음을 가질 수 있습니다. 예수는 어떤 믿음을 품었고, 어떤 믿음을 품으라고 말했나요? 예수의 첫 번째 가르침을 살펴봅시다.

> 때가 찼고 하나님 나라가 가까왔으니 회개하고 복음을 믿으라. (마가복음 1장 15절)

예수는 복음을 믿으라고 했습니다. 복음이라는 단어의 헬라어 원어는 유앙겔리온(εὐαγγέλιον), 즉 좋은 소식입니다. 유앙겔리온은 예수가 창작한 단어가 아니라 이미 존재하고 있었습니다.

유앙겔리온이라는 말은 당시에 정치적인 느낌을 주는 표현이었습니다. 그 시대에 로마 황제는 자기를 신이라고 주장했습니다. 황제를 신으로 믿는 신앙을 통해 구원을 받을 수 있다고 가르쳤습니다. 유앙겔리온은 황제의 탄생이나 즉위나 전쟁에서 승리한 사건을 널리 세상에 알리는 소식을 가리키는 표현으로 사

용되던 단어였습니다.

예수는 이 정치적인 단어 유앙겔리온을 자기 메시지를 전하는 데 사용했습니다. 하나님 나라가 가까이 왔다는 말은 황제가 통치하는 나라가 물러가고 하나님께서 다스리시는 나라가 임박했다는 뜻입니다. 회개하라는 말은 황제를 신으로 믿었던 믿음을 회개하라는 뜻입니다. 복음을 믿으라는 말은 제국의 복음이 아니라 예수가 가르치고 보여 준 복음을 믿으라는 말입니다.

예수는 하나님 나라 복음을 믿으라고 했습니다. 예수는 하나님 나라의 도래를 알리는 복음을 믿었으며, 또 믿으라고 선포했습니다. 결국 예수를 믿는다는 말은 예수가 믿고 전한 하나님 나라의 복음을 믿는다는 뜻입니다. 그렇다면 하나님 나라의 복음은 무엇인가요? 다양한 방식으로 설명할 수 있지만, 여기에서는 크게 네 단계로 살펴보겠습니다.

1) 창조: 하나님 나라의 시작

예수는 구약성경을 알았습니다. 복음을 선포하고 가르칠 때 여러 차례 구약을 인용했습니다. 구약성경은 창세기부터 시작하며, 창세기는 세상의 유래를 말합니다. 이 세상은 하나님의 창조에서 시작되었다고 창세기는 말합니다.

태초에 하나님이 천지를 창조하시니라. (창세기 1장 1절)

예수도 그렇게 믿었습니다. 세상은 창조주 하나님께서 지으신 피조물이라고 믿었습니다. 하나님께서 맨 처음 창조한 세상은 어떤 세상이었나요? 그 답은 여러 번 언급되는 짧은 문구에 담겨 있습니다. 창조의 과정에서 "그대로 되니라"라는 말이 반복됩니다(창 1:7, 9, 11, 15, 24, 30). 하나님께서 세상을 만드실 때 하나님의 말씀 그대로 되었습니다. 하나님의 통치가 실현되었다는 말입니다. 그리고 하나님께서 매일 창조 결과를 평가할 때 "보시기에 좋았더라"라는 말이 여러 번 나옵니다(창 1:4, 10, 12, 18, 21, 25, 31). 창조된 최초 세상은 하나님께서 보시기에 좋았습니다. 하나님의 기준으로 평가할 때 좋은, 선한 세상이었습니다.

하나님께서는 사람을 창조하시고 복을 주시며 생육하고 번성하고 땅에 충만하고 땅을 정복하고 다스리라고 했습니다(창 1:28). 사람에게 에덴동산을 경작하고 지키라는 임무를 맡기셨습니다(창 2:15). 그리고 자유의 한계를 주셨습니다.

동산 각종 나무의 열매는 네가 임의로 먹되 선악을 알게 하는 나무의 열매는 먹지 말라 네가 먹는 날에는 반드시 죽으리라 하시니라. (창세기 2장 16-17절)

하나님께서 지으신 세상은 그분의 통치가 이뤄지는 선한 세상이었습니다. 일꾼의 사명을 맡은 인간에게는 제한된 자유가 허락되었습니다. 인간은 하나님의 말씀에 순종하여 맡은 임무를 수행하고 하나님의 다스림을 이뤄 가며 주어진 한계 안에서 절제하며 행복을 누리도록 창조되었습니다. 예수는 하나님의 창조를 믿었고(막 19:4; 13:19) 하나님의 다스림을 믿었습니다(마 11:25).

2) 타락: 하나님 나라의 훼손

하나님께서 아름답게 창조한 세상에 인간으로 인해 문제가 발생했습니다. 인간은 하나님께서 명하신 자유의 한계를 지키지 않고 금지된 과일을 먹었습니다. 인간은 왜 하나님의 지시를 따르지 않고 범죄했나요? 두 가지 이유가 있습니다.

> 뱀이 여자에게 이르되 너희가 결코 죽지 아니하리라 너희가 그것을 먹는 날에는 너희 눈이 밝아져 하나님과 같이 되어 선악을 알 줄을 하나님이 아심이니라. (창세기 3장 4-5절)

첫째는 교만입니다. 인간은 하나님이 되고 싶었습니다. 인간은 원래 그렇습니다. 자기 위에 누가 있는 것이 싫고, 자기가 최

고가 되고 싶습니다. 명령받는 자가 아니라 명령하는 자가 되고 싶어 합니다. 하나님의 기준에 따라 선과 악을 판단하지 않고 자기 기준에 따라 살고 싶어 합니다. 그래서 뱀의 유혹에 넘어갔습니다. 인간이 범죄한 또 다른 이유는 무엇인가요?

> 여자가 그 나무를 본즉 먹음직도 하고 보암직도 하고 지혜롭게 할 만큼 탐스럽기도 한 나무인지라. (창세기 3장 6절)

둘째는 탐욕입니다. 본래 하나님과 잇닿아 살도록 지음받은 인간이 하나님 없이 살게 되면 하나님의 빈자리를 느낍니다. 그래서 그 공허를 다른 무언가로 채우려고 합니다. 유한한 피조물로 무한하신 창조주 하나님의 빈자리를 메우려다 보니 실패할 수밖에 없습니다. 아무리 가져도 더 갖고 싶습니다. 아무리 소유해도 감사와 만족이 없는 불만과 결핍의 굴레에 갇혀 삽니다. 인간은 배고파서 금지된 과일을 먹은 게 아닙니다. 99퍼센트를 가졌지만 1퍼센트의 결핍을 견디지 못했기 때문입니다.

하나님의 명령을 따르지 않고 범죄한 인간으로 인해 어떤 결과가 나타났나요? 세 종류의 관계의 단절이 나타났습니다. 먼저 하나님과의 관계 단절입니다.

> 하나님의 소리를 듣고 아담과 그의 아내가 여호와 하나님의 낯을 피하여 동산 나무 사이에 숨은지라 여호와 하나님이 아담을 부르시며 그에게 이르시되 네가 어디 있느냐 이르되 내가 동산에서 하나님의 소리를 듣고 내가 벗었으므로 두려워하여 숨었나이다. (창세기 3장 8-10절)

범죄의 결과는 은둔이었습니다. 하나님의 얼굴을 피했고, 하나님의 소리를 듣자 자기의 수치를 깨닫고 두려워 숨었습니다. "네가 어디 있느냐"는 "네가 숨은 장소가 어디냐"는 뜻이 아닙니다. 지금 하나님은 인간과 숨바꼭질을 하시는 게 아닙니다. 그 질문은 "너는 하나님과의 관계가 어떠하냐"는 뜻입니다. 인간은 거기에 올바로 답하지 못했습니다. 하나님과의 단절은 또 다른 단절을 이끕니다.

> 아담이 이르되 하나님이 주셔서 나와 함께 있게 하신 여자 그가 그 나무 열매를 내게 주므로 내가 먹었나이다. (창세기 3장 12절)

죄의 결과, 두 번째로 나타난 것은 이웃과의 관계 단절입니다. 아담은 죄의 책임을 하와에게, 궁극적으로 그녀를 주신 하나님께 전가했습니다. 하와를 보고 "내 뼈 중의 뼈요 살 중의 살이라"(창 2:23)며 사랑을 표현했던 아담은 범죄한 후 책임을 모면하

려고 비굴하게 하와에게 책임을 돌렸습니다. 갈라진 인간관계는 세대를 건너자 더 참혹한 결과를 낳았습니다.

> 가인이 그의 아우 아벨에게 말하고 그들이 들에 있을 때에 가인이 그의 아우 아벨을 쳐죽이니라 여호와께서 가인에게 이르시되 네 아우 아벨이 어디 있느냐 그가 이르되 내가 알지 못하나이다 내가 내 아우를 지키는 자니이까. (창세기 4장 8-9절)

에덴에서 쫓겨난 아담과 하와의 두 아들 가인과 아벨은 하나님께 제사를 드렸습니다. 하나님께서는 아벨의 제사는 받으셨지만 가인의 제사는 받지 않으셨습니다. 가인은 자기 기대대로 되지 않자 동생과 비교 의식을 느꼈는지 아벨을 죽였습니다. 죄의 결과는 결국 동생, 즉 약자의 죽음을 낳았습니다. 하나님께서는 가인에게 "네 아우 아벨이 어디 있느냐"고 질문하셨습니다. 하나님께서 아벨의 상태를 모르셔서 물으시는 게 아닙니다. '장소'가 아니라 '관계'에 대한 질문입니다. "너는 약자인 이웃과 어떤 관계를 맺고 있느냐"고 묻고 계신 것입니다.

가인의 후손 라멕에 이르러서는 더 심각해집니다. 라멕은 상처로 말미암아 소년을 죽였습니다. 자기보다 약자인 소년을, 상처에 상처로 복수하지 않고 죽음으로 복수했습니다. 폭력에 대한 처벌도 칠 배에서 칠십칠 배로 증폭되었습니다(창 4:23). 이처

럼 죄는 폭력을 낳고, 폭력은 계속 커지려는 속성을 갖습니다. 그 폭력의 피해자는 약자입니다. 하나님과의 관계 단절은 인간들 사이의 관계 단절로 나타납니다.

세 번째 죄의 결과는 세상과의 관계 단절입니다. 인간의 범죄는 자기 자신과 이웃에게 피해를 입힐 뿐만 아니라 하나님께서 지으시고 보존의 책임을 맡기신 자연을 파괴합니다. 저항하지 못하는 자연은 처음엔 인간의 교만과 탐욕의 피해자가 되지만, 결국 자연은 인간의 범죄에 대한 심판자가 됩니다.

> 땅이 네게 가시덤불과 엉겅퀴를 낼 것이라. (창세기 3장 18절)

> 이르시되 네가 무엇을 하였느냐 네 아우의 핏소리가 땅에서부터 내게 호소하느니라 땅이 그 입을 벌려 네 손에서부터 네 아우의 피를 받았은즉 네가 땅에서 저주를 받으리니 네가 밭을 갈아도 땅이 다시는 그 효력을 네게 주지 아니할 것이요 너는 땅에서 피하며 유리하는 자가 되리라. (창세기 4장 10-12절)

교만하고 탐욕스러운 인간은 자기보다 약한 자에게 폭력을 가합니다. 그 결과 약자의 죽음을 불러왔습니다. 약자의 피는 세상을 물들이고, 피 묻은 세상으로 인해 인간은 고통을 당합니다. 이 죄악의 순환 속에 인간은 살게 되었습니다. 아담과 가인

의 범죄에 대한 하나님의 징계는 땅을 통해 임했습니다. 하나님께서 지으신 땅을 다스려야 할 인간은 땅으로부터 저주를 받게 되었습니다. 하나님과의 불화는 이웃과의 분열을 낳고, 그 결과 세상과 단절되어 고통받는 상황이 바로 죄인의 현실입니다.

예수는 구약성경을 통해 이집트 치하에서 노예 생활했던 선조들의 고난에 대해 배웠습니다. 바벨론에 포로로 끌려간 조상들에 대해서도 알았습니다. 그리고 로마제국에게 수탈당하는 당대의 현실을 목격했습니다. 예수는 폭력의 현실 이면에는 인간의 근원적인 죄가 있음을 깨달았습니다. 회개하고 하나님과의 관계를 회복하기 전에는 구원이 없음을 알았습니다.

3) 구속: 하나님 나라의 회복

예수는 하나님 나라가 어디에서 이뤄진다고 믿었을까요? 하나님께서 '세상을 창조'하셨고, 인간의 범죄로 인해 '세상은 타락'했습니다. 그러므로 하나님 나라의 회복의 대상은 바로 이 '세상'이어야 합니다. 예수가 믿은 하나님 나라의 실현 장소는 주기도문에 잘 나옵니다.

> 나라가 임하시오며 뜻이 하늘에서 이루어진 것같이 땅에서도 이루어지이다. (마태복음 6장 10절)

나라에 가는 것이 아니라 나라가 임한다는 말은 무슨 뜻일까요? 하나님의 뜻이 땅에서 이뤄지는 것입니다. 그런데 예수는 하나님 나라는 어딘가에 있는 장소 개념이 아니라고 했습니다. 하나님 나라는 하나님의 통치에 순종하는 공동체 안에 이뤄지는 것이라고 예수는 가르쳤습니다.

> 또 여기 있다 저기 있다고도 못하리니 하나님의 나라는 너희 안에 있느니라. (누가복음 17장 21절)

또한 예수는 하나님 나라가 나중에 임하는 것이 아니라고 했습니다. 예수는 귀신을 쫓는 기적을 통하여 하나님 나라가 이미 임했다고 말했습니다. 예수를 통해 이 땅에 하나님 나라가 이미 시작되었습니다.

> 그러나 내가 만일 하나님의 손을 힘입어 귀신을 쫓아낸다면 하나님의 나라가 이미 너희에게 임하였느니라. (누가복음 11장 20절)

예수는 하나님 나라가 자신을 통해 시작된다고 믿었습니다. 그래서 공생애 사역을 시작하면서 이사야의 예언이 자신을 통해 성취된다고 선포했습니다. 누가복음의 예수 사명 선언문을 다시 한번 봅시다.

주의 성령이 내게 임하셨으니 이는 가난한 자에게 복음을 전하게 하시려고 내게 기름을 부으시고 나를 보내사 포로 된 자에게 자유를, 눈 먼 자에게 다시 보게 함을 전파하며 눌린 자를 자유롭게 하고 주의 은혜의 해를 전파하게 하려 하심이라 하였더라 책을 덮어 그 맡은 자에게 주시고 앉으시니 회당에 있는 자들이 다 주목하여 보더라 이에 예수께서 그들에게 말씀하시되 이 글이 오늘 너희 귀에 응하였느니라. (누가복음 4장 18-21절)

"주의 은혜의 해"는 희년을 뜻합니다. 희년은 레위기 25장에 나오는 규정으로, 안식년이 일곱 번 지난 50년마다 돌아오는 해입니다. 희년이 되면 부채가 탕감되고, 노예가 해방되고, 땅과 집이 원래 주인에게 돌아갔습니다. 하나님께서는 희년 제도를 통해 부가 불평등하게 편중되는 문제를 해소하고, 가난한 자를 보호하라고 하셨습니다. 결국 하나님께서 구약성경에서 명령하신 희년은 하나님 나라가 현실 정치, 경제, 사회에 구체적으로 실현되는 제도를 말합니다. 예수는 희년의 정신을 구현함으로써 하나님 나라를 이루고자 했습니다. 그렇다면 하나님 나라는 구체적으로 어떻게 이뤄질까요?

예수가 믿고 전한 복음은 하나님의 나라를 회복하는 복음입니다. 예수는 하나님께서 선하게 창조하신 세상이 인간의 죄로 인해 훼손되었고, 그 회복의 사역을 자신이 맡았다고 믿었습니

다. 예수는 하나님께서 자기를 통해 어떻게 하나님 나라를 회복한다고 생각했을까요? 하나님 나라는 "나라"입니다. 근대 국가 개념을 적용해 보자면, 나라 즉 국가는 세 가지 요소, 백성, 영토, 주권으로 구성됩니다. 하나님 나라의 백성과 영토와 주권을 회복하는 것이 바로 하나님 나라를 회복하는 것이고 이것이 바로 예수가 믿은 자신의 사명이라 할 수 있습니다.

(1) 백성

구약성경에서 하나님은 아브라함과 자녀의 언약을 맺습니다. 아브라함이 자녀를 낳고 그를 통해 수많은 자손이 생기고 결국 큰 민족을 이룰 것이라고 말합니다.

> 내가 너로 큰 민족을 이루고 네게 복을 주어 네 이름을 창대하게 하리니 너는 복이 될지라. (창세기 12장 2절)

이 언약은 이삭의 출생으로 시작해서 야곱의 열두 아들을 통해 이뤄지고, 결국 출애굽한 이스라엘 백성을 통해 성취됩니다. 하지만 여기서 멈추지 않습니다. 하나님 나라 백성의 범위는 단지 아브라함의 핏줄을 타고난 이스라엘 민족에 국한되지 않습니다. 예수는 승천하기 전 제자들에게 지시했습니다.

> 너희는 가서 모든 민족을 제자로 삼아 아버지와 아들과 성령의 이름으로 세례를 베풀고 내가 너희에게 분부한 모든 것을 가르쳐 지키게 하라. (마태복음 28장 19-20절)

하나님 나라의 백성은 아브라함과 그 가족에서 시작해서 이스라엘 민족으로 확대되었습니다. 선택받은 민족은 하나님의 통치를 온 세상에 확장시키는 사명을 맡았습니다. 그러나 이스라엘은 폐쇄적인 민족주의에 막혀 사명을 감당하지 못했습니다. 예수는 온 세상 모든 사람들을 하나님 나라의 백성으로 삼으라는 선교 명령을 남겼습니다.

(2) 영토

하나님께서는 아브라함과 언약을 맺으면서 땅의 약속도 주셨습니다. 고향을 떠난 나그네, 자기 땅이 없는 아브라함에게 땅을 주겠다고 하나님은 약속하셨습니다.

> 여호와께서 아브람에게 이르시되 너는 너의 고향과 친척과 아버지의 집을 떠나 내가 네게 보여 줄 땅으로 가라. (창세기 12장 1절)

이 약속은 출애굽한 이스라엘 백성이 가나안을 차지하면서 성취되었습니다. 하지만 이스라엘은 하나님께 우상숭배의 죄를

범했고, 결국 남북으로 분단되었다가 앗수르와 바벨론에게 땅을 빼앗기고 포로 신세가 되고 말았습니다. 포로에서 귀환한 이스라엘은 물리적으로는 땅을 회복했지만 여전히 페르시아의 속국이었고 그리스와 로마제국에게 땅의 소유권을 빼앗겼습니다. 예수는 승천하기 직전에 그들에게 땅의 회복에 관한 명령을 주었습니다.

> 주께서 이스라엘 나라를 회복하심이 이때니이까 하니 이르시되 … 오직 성령이 너희에게 임하시면 너희가 권능을 받고 예루살렘과 온 유대와 사마리아와 땅 끝까지 이르러 내 증인이 되리라 하시니라. (사도행전 1장 6-8절)

하나님 나라의 영토는 하나님의 통치가 실현되는 범위입니다. 유대인이 거주하던 예루살렘과 온 유대뿐만 아니라, 차별의 땅 사마리아를 거쳐 세상 끝까지 예수가 전한 하나님 나라의 복음이 증거되어야 한다고 예수는 지시했습니다. 예수의 증인 된 백성들이 하나님의 다스림을 따르며 사는 그 곳이 바로 하나님 나라의 영토입니다.

(3) 주권

하나님의 주권은 하나님의 말씀에 대한 순종으로 나타납니다. 하나님은 백성이 지켜야 할 법을 율법으로 주셨습니다.

> 이스라엘아 오늘 내가 너희의 귀에 말하는 규례와 법도를 듣고 그것을 배우며 지켜 행하라. (신명기 5장 1절)

하나님께서 이스라엘에게 주신 율법은 십계명에 집약되어 있습니다. 십계명은 하나님과의 관계에 대한 1~4계명과 인간과의 관계에 대한 5~6계명으로 구성되어 있습니다. 율법도 그렇습니다. 하나님에 대한 율법과 인간 상호 관계에 대한 율법으로 나뉩니다. 예수는 이 구조를 이해하고 율법의 정신인 사랑을 강조하며 이렇게 율법을 요약하였습니다.

> 예수께서 이르시되 네 마음을 다하고 목숨을 다하고 뜻을 다하여 주 너의 하나님을 사랑하라 하셨으니 이것이 크고 첫째 되는 계명이요 둘째도 그와 같으니 네 이웃을 네 자신같이 사랑하라 하셨으니 이 두 계명이 온 율법과 선지자의 강령이니라. (마태복음 22장 37-40절)

율법의 정신은 사랑입니다. 율법은 인간을 억압하는 종교 규

정이 아닙니다. 하나님을 사랑하고 이웃을 사랑하기 위한 구체적인 방법과 규칙이 율법입니다. 규칙 그 자체는 율법의 형식에 불과합니다. 규칙들을 모두 지킨다고 해도 율법의 정신인 사랑이 없으면 아무 소용이 없습니다. 예수는 하나님의 주권이 실현되기를 소망했는데, 그것은 바로 하나님을 사랑하고 이웃을 사랑하는 것입니다.

예수는 스스로를 하나님 나라의 백성과 영토와 주권을 회복하는 사명을 받은 존재로 믿었습니다. 인간의 범죄로 인해 훼손된 나라를 하나님께서 아름답게 창조하신 나라로 회복시키려고 예수는 하나님 나라를 선포하고 비유로 가르치고 기적으로 보여 주고 십자가에 달려 죽고 부활하여 몸소 실천했습니다. 예수는 모든 민족이 하나님의 다스림에 순종하는 백성이 되고, 온 땅이 하나님의 영토가 되고, 하나님의 주권이 사랑으로 실천되기를 소망하고 믿었습니다.

4) 완성: 하나님 나라의 완성

예수를 통해 시작된 하나님 나라는 미래에 완성될 것입니다. 구약에서 이사야 예언자는 하나님 나라의 완성을 이렇게 묘사했습니다.

그때에 이리가 어린 양과 함께 살며 표범이 어린 염소와 함께 누우며 송아지와 어린 사자와 살진 짐승이 함께 있어 어린아이에게 끌리며 암소와 곰이 함께 먹으며 그것들의 새끼가 함께 엎드리며 사자가 소처럼 풀을 먹을 것이며 젖 먹는 아이가 독사의 구멍에서 장난하며 젖 뗀 어린아이가 독사의 굴에 손을 넣을 것이라 내 거룩한 산 모든 곳에서 해 됨도 없고 상함도 없을 것이니 이는 물이 바다를 덮음같이 여호와를 아는 지식이 세상에 충만할 것임이니라. (이사야 11장 6-9절)

하나님 나라는 약육강식의 상호 적대 관계가 없는 나라입니다. 폭력 없는 평화의 나라, 강자와 약자가 함께 어울리는 정의의 나라입니다. 하나님을 아는 지식, 하나님의 말씀에 대한 순종이 온 세상에 가득 찬 나라입니다. 또한 사도 요한은 하나님 나라의 완성을 이렇게 묘사했습니다.

이 일 후에 내가 보니 각 나라와 족속과 백성과 방언에서 아무도 능히 셀 수 없는 큰 무리가 나와 흰 옷을 입고 손에 종려 가지를 들고 보좌 앞과 어린 양 앞에 서서 큰 소리로 외쳐 이르되 "구원하심이 보좌에 앉으신 우리 하나님과 어린 양에게 있도다" 하니 모든 천사가 보좌와 장로들과 네 생물의 주위에 서 있다가 보좌 앞에 엎드려 얼굴을 대고 하나님께 경배하여 이르되 "아멘

찬송과 영광과 지혜와 감사와 존귀와 권능과 힘이 우리 하나님께 세세토록 있을지어다 아멘" 하더라. (요한계시록 7장 9-12절)

하나님 나라는 하나님을 향한 예배가 넘치는 곳입니다. 모든 삶이 예배가 되는 나라가 하나님 나라입니다. 온 세상이 하나님을 찬양하고 경배하는 나라, 온 땅이 하나님의 통치를 인정하고 기꺼이 그 다스림에 순종하는 나라입니다.

모든 그리스도인은 하나님 나라를 위해 부름받았습니다. 부활한 예수는 제자들을 파송하며 이런 말씀을 남겼습니다.

예수께서 또 이르시되 너희에게 평강이 있을지어다 아버지께서 나를 보내신 것같이 나도 너희를 보내노라. (요한복음 20장 21절)

예수의 사명은 모든 그리스도인의 사명입니다. 마치 하나님께서 이 땅에 하나님 나라 회복 사역을 하라고 예수를 보내신 것처럼, 예수는 하나님 나라 회복 사역을 하라고 모든 그리스도인을 파송합니다. 그러므로 교회의 사명은 하나님 나라를 회복하는 선교의 사명입니다. 예수를 통해 하나님 나라는 이미 시작되었으나 아직 완전히 도래하지는 않았습니다. 예수를 통해 파송받은 모든 교회와 그리스도인이 성령을 받고 하나님 나라를 회복하는 선교 사역에 힘쓸 때, 마지막 날 하나님 나라는 완성될 것입니다.

5. 믿음 심기

믿음에 대해 알아보고 있습니다. 예수를 믿기 위해서는 먼저 예수의 믿음 즉 예수가 가졌던 믿음을 아는 것이 중요하다는 것을 확인했습니다. 예수의 믿음을 알아본 다음은 무엇을 해야 할까요? 예수를 믿어야 합니다.

예수를 믿는 것은 예수를 아는 것과 같은 말이 아닙니다. 많은 기독교인이 이것을 착각합니다. 예수에 대해 익히 알고 있으니 자기가 예수를 믿는다고 착각합니다. 알고 있는 모든 것을 다 믿지는 않습니다. 앎이 어떤 지식을 머리에 입력한다는 뜻이라면, 믿음은 그 이상입니다. 앎이 깨달음이 되어 한 사람의 신념이 되고 세계관과 인생관과 가치관에 변화를 일으킬 때 믿음이 시작됩니다.

믿음은 마치 파종과 비슷합니다. 예수의 믿음이 씨앗이라면 그것을 내 안에 심는 작업이 필요합니다. 그래야 나의 내면이라는 화분에 하나님 나라라는 화초가 자랄 수 있습니다. 심는 작업은 학습(學習)과 비슷합니다. 학습은 배우고 익힌다는 뜻입니다. '학'이 배움이고 '습'이 익힘입니다. 비가 내리는 것이 '학'이라

면, 내린 비가 땅에 스며드는 것이 '습'입니다. 믿음도 비슷합니다. 예수의 믿음을 알았다면 그것이 한 사람의 신념과 내면과 인격에 심기고 뿌리내리고 스며들어야 합니다.

어떻게 해야 예수의 믿음을 우리 안에 심을 수 있을까요? 심기 전에 먼저 비워야 합니다. 사실 우리의 내면에는 빈 자리가 없습니다. 시인과 촌장의 노래 "가시나무"의 가사처럼 내 속엔 내가 너무도 많아 당신의 쉴 곳이 없습니다. 이미 예수의 말씀을 듣기 전에 이미 들은 무언가로 가득 채워져 있습니다. 복음보다 먼저 배운 지식이 머릿속을 채우고 있습니다. 하나님 나라를 알기 전에 먼저 판단의 기준이 되어 버린 정보들이 있습니다. 그것들을 예수의 가치를 근거로 진지하게 평가하여 버릴 것은 버리고 바꿀 것은 바꿔야 합니다.

이 작업 없이 그냥 예수의 복음을 받아들이면 이미 내면을 채우고 있는 기존 관념에 의해 복음이 제대로 뿌리내리지 못하고 잘못된 믿음을 갖게 됩니다. 이미 갖고 있는 자기 신념을 정당화하거나 심지어 강화시키는 도구로 복음을 오용하게 됩니다. 그렇다면 복음을 알기 전에 이미 나를 지배하고 있는 정보와 개념과 가치는 무엇일까요? 복음보다 먼저 자리잡고 있어서, 복음보다 우선하려는 세상의 이념은 무엇인가요?

1) 거짓

우리는 이미 하나님의 선한 창조와 인간의 범죄로 인한 타락에 대해 살펴보았습니다. 하나님의 창조는 인간의 타락에 의해 훼손되었지만, 타락은 창조를 무효화하지는 못합니다. 죄악의 능력이 하나님의 능력을 능가하지 못하기 때문입니다. 그러므로 죄악 세상에도 여전히 하나님의 선한 손길이 남아 있습니다. 하지만 세상은 이곳저곳 망가져서 인간을 죄의 길로 이끄는 어두움이 도사리고 있습니다. 그 어두움은 인간을 통제하고 지배하려고 노력하는데, 그것은 세상의 거짓된 이데올로기로 나타납니다.

거짓 이데올로기, 인간을 지배하는 가짜 가치들의 구조는 원죄의 구조와 비슷합니다. 원죄의 구조는 1)허용과 2)한계와 3)침범입니다. 하나님께서는 인간에게 이 세상을 누리도록 허용하셨습니다. 그러나 한계를 두셨습니다. 아담의 경우는 선악과가 그것입니다. 한계를 설정하신 이유는 그것을 침범하면 하나님의 질서를 파괴하고 인간에게는 고통과 불행이 닥치기 때문입니다. 최초의 인간은 한계를 침범하여 금지된 과실을 따먹었고, 그 결과 에덴동산에서 쫓겨났습니다.

세상의 거짓 이념도 허용, 한계, 침범의 구조를 갖습니다. 하나님께서 허락하신 선한 것들을 허용된 한계 범위 안에서 누리

지 않고 침범하여 왜곡시킴으로써 세상에 죄악이 발생합니다. 예수의 복음을 알기 전에 이미 인간을 통제하고 있는 세상의 거짓된 실체도 그런 구조를 갖습니다. 대표적인 것 세 가지를 들자면 다음과 같습니다.

(1) 가족이기주의

가족을 창조하신 분은 하나님입니다. 하나님은 "인간이 혼자 사는 것이 좋지 아니"하여 "돕는 배필"을 지어 주셨습니다(창 2:18). 짝을 이루고 자녀를 낳아 함께 사는 것은 하나님의 선한 뜻입니다. 가족이 서로 아끼며 사랑하는 것은 이웃 사랑의 첫째 과제이기도 합니다. 그런데 혈연과 혼인으로 맺어진 가족을 사랑하면서 문제가 발생하는데, 그것이 가족이기주의, 나아가 혈연이기주의와 지역이기주의입니다.

가족의 왜곡은 곳곳에서 발견됩니다. 한국 기독교 전래 초기에 조상 제사 풍습은 복음 전파에 큰 장애물이 되었습니다. 돌아가신 조상과 부모에 대한 기억과 추모는 나쁘지 않습니다. 그러나 죽은 조상의 영령이 자손들에게 평안하고 안정된 삶을 가져다준다는 믿음은 우상숭배입니다. 유교 사상 자체는 인륜의 이치를 밝히는 훌륭한 철학일 수 있습니다. 하지만 그것을 왜곡하여 효도의 이념과 제사의 풍습으로 인간, 특히 여성을 차별하고 억압하는 것은 옳지 않습니다.

이웃 사랑의 범위를 자기 가족에게만 국한하는 경우가 많습니다. 다른 사람은 어떻게 되든 알 바 없고 자기 부모, 자기 배우자, 자기 자녀만 중요하게 생각하는 것은 부끄러운 일입니다. 세월호 사건에서 보았듯이, 우리 중에 자기 자녀의 유익에는 민감하지만 다른 자녀에 대해 무관심하거나 매정하게 대하는 사람들이 많습니다. "내 가족만 내 몸같이 사랑하라"는 식의 가족이기주의가 팽배합니다. 자기 가족만 생각하고 다른 사람은 나 몰라라 하는 세상입니다.

권력자의 가족이기주의는 사회적으로 크나큰 악영향을 끼칩니다. 한국 사회를 장악하고 있는 권력 카르텔은 가족 관계로 얽혀 있어서 재벌의 아들은 정치인의 딸과 결혼하고, 언론사 사주는 판검사의 가족과 사돈 관계를 맺고 있습니다. 그렇게 혼맥을 통해 각종 비리와 부패가 판치고 있는 현실이 우리의 부끄러운 자화상입니다. 기업과 교회를 세습하는 풍습도 가족주의의 어두운 면입니다. 주주가 주인인 기업의 재산을 사주 개인의 소유로 여겨 불법 세습하는 재벌들이 있습니다. 목사가 교회의 기득권을 자녀에게 물려주는 악행이 만연합니다.

가족이기주의는 지역이기주의로 확대됩니다. 지금은 많이 줄었지만, 자기 지역 사람만 선호하고 다른 지역 출신에게는 배타적인 지역이기주의는 여전합니다. 선거철이 되면 아직도 '우리가 남이가' 식의 투표 결과가 나타납니다. 가족이기주의는 혈연이기

주의로도 나타나서 민족이라는 불확실한 개념에 휩쓸려서 외국인들 멀리하거나 차별하기도 합니다. 혼혈인이나 다문화 아이에 대한 편견과 피부색이 다른 이들을 향한 거부감도 여전합니다. 게다가 우리보다 가난한 나라 출신의 사람에게는 더 가혹하게 대하기도 합니다.

예수는 공생애를 위해 가족을 떠났습니다. 제자들은 부모를 버리고 예수를 따랐습니다. 전통적 가족주의 개념에서 보면 모두 불효자요 패륜아입니다. 그런데 예수는 가족주의에 대해 어떻게 말했나요?

> 그때에 예수의 어머니와 동생들이 와서 밖에 서서 사람을 보내어 예수를 부르니 무리가 예수를 둘러 앉았다가 여짜오되 보소서 당신의 어머니와 동생들과 누이들이 밖에서 찾나이다 대답하시되 누가 내 어머니이며 동생들이냐 하시고 둘러 앉은 자들을 보시며 이르시되 내 어머니와 내 동생들을 보라 누구든지 하나님의 뜻대로 행하는 자가 내 형제요 자매요 어머니이니라. (마가복음 3:31-35)

예수는 초월적 가족주의, 확대된 가족주의를 가르쳤습니다. 핏줄이 아닌 믿음에 근거한 가족을 주창했습니다. 하나님의 뜻을 행하는 믿음의 공동체가 가족이며, 그 범위는 혈연과 지역을

넘어서 온 세상으로 확대됩니다.

예수에게는 두 종류의 부모가 있었습니다. 육적으로는 요셉과 마리아이고, 영적으로는 하나님 아버지입니다. 예수는 영적 부모를 위해 육적 부모를 떠났습니다. 그러나 그것은 결국 육적 부모에게도 영광이 되는 일이었습니다. 그런 면에서 예수는 초월적 효도를 실천했습니다.

우리는 복음을 받기 전에 가족을 먼저 받았습니다. 하나님 나라를 알기 전에 가족주의를 먼저 알았습니다. 그래서 그 영향을 크게 받습니다. 하지만 가족주의를 당연시해서는 안 됩니다. 예수의 복음을 중심에 놓고 가족주의를 상대화해야 합니다. 하나님께서 선하게 의도하신 가족 공동체를 건강하게 유지하려면 내 아이만 챙기는 가족이기주의나 남편과 자식의 성공에 집착하는 가족 공리주의에서 벗어나야 합니다. 무엇보다 이웃을 향해 열린 가족이 되어야 합니다. 열린 가족이 되어야 행복할 수 있습니다.

(2) 경제지상주의

돈은 가치 교환 수단이며 인간의 편의를 위해 하나님께서 허용하신 도구입니다. 돈 자체는 좋고 나쁨이 없이 중립적입니다. 하지만 특히 자본주의 사회에서 인간에게 돈이란 마치 불과 같아서 매우 소중하지만 매우 위험합니다. 돈은 그 자체로 종종

숭배 대상이 됩니다. 풍요의 신 바알은 예수가 경계한 맘몬이 되었고, 지금은 경제지상주의라는 이름으로 우리를 감싸고 있습니다.

특히 한국 사회는 'IMF 사태'라 불리는 1997년 외환위기 이후 급속히 수치를 모르는 천민자본주의가 판치는 세상이 되었습니다. 천민자본주의는 자본을 어떤 가치 있는 것을 실현하기 위한 수단으로 보지 않고, 그 자체를 목적으로 간주하는 자본주의 방식입니다. 천민자본주의적 사고방식하에서는 돈 이외의 모든 것은 상품이 되고 자본 축적을 위한 수단이 되고 맙니다. 심지어 인간마저도 상품이 되고 돈의 도구가 됩니다.

그래서 법조인은 정의를 팔고, 의사는 의술을 팔고, 종교인은 구원을 팔아 돈을 법니다. 이들에게는 돈이 목적이고, 정의와 생명과 구원은 돈을 벌기 위한 수단에 불과합니다. 비정규직 노동은 인간마저도 돈벌이를 위한 일회용품으로 여기는 증거입니다. 그래서 이런 말도 떠돕니다. "내게 월급 주시는 자 안에서 내가 모든 것을 할 수 있느니라."

예수도 돈을 사용했습니다. 이곳저곳을 오가며 사역하려면 당연히 돈이 필요했고, 회계를 맡은 제자도 따로 두었습니다. 예수는 화폐로서 돈 자체를 거부하지 않았지만 재물을 하나님처럼 여기는 맘몬주의에 대해서는 단호하게 경고했습니다.

한 사람이 두 주인을 섬기지 못할 것이니 혹 이를 미워하고 저를 사랑하거나 혹 이를 중히 여기고 저를 경히 여김이라 너희가 하나님과 재물을 겸하여 섬기지 못하느니라.

(마태복음 6장 24절)

예수는 재물의 신적 속성을 알았습니다. 그래서 그것을 추구해서는 구원이 없음을 분명히 전했습니다. 인간에게는 돈이 필요하지만, 하나님을 사랑하고 이웃을 사랑하는 데 돈이 장애가 되어서는 안 됩니다. 우리는 예수보다 돈을 먼저 알았고, 복음의 중요성보다 돈의 가치를 먼저 배웠습니다. 기존의 경제주의 개념에 복음을 섞으면 안 됩니다. 하나님 나라 복음을 믿는 믿음의 토대 위에 경제 관념을 새로 세워야 합니다.

(3) 번영지상주의

하나님께서는 인간의 번영을 원하십니다. 굶주려 죽는 것은 하나님의 뜻이 아닙니다. 광야의 백성에게 먹을 것과 마실 물을 주신 분이 하나님이십니다. 하지만 인간은 이런 하나님의 선한 뜻을 왜곡했습니다. 과연 인류 문명의 진보가 하나님의 뜻인지 의심할 필요가 있습니다. 돌 대신 벽돌을, 진흙 대신 역청을 사용하는 석조 기술의 발달은 결국 바벨탑을 낳았습니다. 거대한 돌을 운반해서 정교하게 만든 피라미드는 하나님 없는 인간이

영원한 삶을 추구하기 위해 하나님의 백성을 억압한 노예 노동의 결과였습니다.

성공주의는 앞서 언급한 경제주의와 결합해서 번영신앙이라는 괴물을 탄생시켰습니다. 내세의 천당과 풍요의 성취와 신체의 건강이 하나님께 복받은 증거라는 궤변이 미국 교회를 넘어 한국 교회를 망가뜨렸습니다.

예수 믿으면 잘 먹고 잘 산다는 복음은 한국 전통 도교 샤머니즘에 근거한 기복주의에서 시작해서, 미군정 시절 적산불하(敵產拂下)의 과정을 거쳐서, 한국전쟁 이후 구호물자 배급으로 등장했습니다. 전쟁의 폐허 위에서 고통받는 자들을 위로한 축복신앙은 당시에 유효한 역할을 했다고 봅니다. 하지만 그 후 독재 정권 치하에서 인권을 무시한 참혹한 노동의 결과로 세운 고도성장의 부스러기를 남보다 조금이라도 더 주워 먹으려는 이기심으로 인해 뒤틀어졌습니다.

이미 모두의 필요를 채우고 남을 만큼 국가의 부가 축적되었지만, 올바로 분배되지 못하여 나타나는 상대적 박탈감을 가난으로 생각하게 되었습니다. "주시옵소서 주시옵소서"라고 외치며 더 누리지 못한 사치를 갈구하는 기도를 믿음의 기도라고 가르치는 부흥사 목사들에 의해 번영신앙은 더 큰 인기를 누리게 되었습니다.

자기 원대로 이뤄지는 성취와 성공을 향한 승리 신앙은 기독

교 신앙이 아닙니다. 예수 믿고 부자된 사람은 성경에 없습니다. 이 세상에서 재물과 건강을 누리고 저 세상에서 좋은 내세의 삶을 기대하는 기복신앙을 전하려고 예수가 십자가에 달리지 않았습니다. 육체의 요구를 만족시키는 감각적 기쁨을 행복으로 여기는 이기적인 신앙을 가지라고 예수가 보혈을 흘리지 않았습니다.

사실 이런 승리 신앙의 근원은 창세기 본문에 대한 잘못된 이해에서 출발합니다. 하나님께서 인간에게 "복을 주시며 생육하고 번성하여 땅에 충만하라, 땅을 정복하라, 바다의 물고기와 하늘의 새와 땅에 움직이는 모든 생물을 다스리라"(1:27)고 하신 말씀은 세상을 "경작하고 지키"(2:15)는 농부와 경비원이 되라는 사명입니다. 하나님 나라에서 번성과 정복은 성공과 군림이 아니라 돌봄이며 섬김입니다. 예수는 산상수훈에서 이 점을 분명히 말했습니다.

> 심령이 가난한 자는 복이 있나니 천국이 그들의 것임이요 애통하는 자는 복이 있나니 그들이 위로를 받을 것임이요 온유한 자는 복이 있나니 그들이 땅을 기업으로 받을 것임이요 의에 주리고 목마른 자는 복이 있나니 그들이 배부를 것임이요 긍휼히 여기는 자는 복이 있나니 그들이 긍휼히 여김을 받을 것임이요 마음이 청결한 자는 복이 있나니 그들이 하나님을 볼

것임이요 화평하게 하는 자는 복이 있나니 그들이 하나님의 아들이라 일컬음을 받을 것임이요 의를 위하여 박해를 받은 자는 복이 있나니 천국이 그들의 것임이라 (마태복음 5장 3-10절)

예수가 전한 하나님 나라의 복음, 즉 에덴동산의 새로운 회복은 인간의 기대와 다른 방식으로 이뤄집니다. 정확히 말하면 그 기대를 버릴 때 성취됩니다. 우리는 예수를 믿기 전에 이미 갖고 있는 믿음이 있었습니다. 그것은 가족주의, 경제주의, 성공주의 등입니다. 그 토대 위에 그것과 혼합해서 복음을 이해하고 믿으면 안 됩니다. 그러면 복음 이전에 받아들인 자기 욕심을 정당화하고 강화시키는 데 복음을 악용하게 됩니다. 옛 사람을 버릴 때 같이 버려야 합니다. 거듭남은 하나님 나라 복음에 근거하여 새로운 가족, 새로운 경제, 새로운 성공 등을 깨달을 때 일어납니다.

2) 포기

올바로 믿기 위해서는 우리 안에 거짓이 많음을 알고 포기해야 합니다. 내 안에 있는 죄악 세상의 잔재를 버려야 하는데, 그게 쉽지 않습니다. 오랫동안 몸에 배인 것이 쉽게 빠질 리 없습니다. 당신의 자녀가 어떤 배우자를 만나기 원하나요? 좋은 집

안에 경제적으로 풍요롭고 사회적으로 성공한 가문과 배우자를 기대하지 않나요? 여기에 위에서 언급한 버려야 할 세 가지가 모두 담겨 있습니다. 이것이 바로 우리의 부끄러운 모습입니다. 어떻게 하면 내 안의 세상적 잔재를 버릴 수 있을까요? 세상 것을 포기하기 위해 우리에게 무엇이 필요한가요?

첫째, 포기할 수 있게 해 달라고 하나님께 기도해야 합니다. 그런데 기도에 대한 오해가 심각합니다. 기도는 청구서가 아니라 하나님과의 소통입니다. 하나님의 뜻을 알고 거기에 모든 것은 맡기는 행위가 기도입니다. 기도하면 내가 원하는 것을 하나님께서 주시나요? 그렇지 않다는 것을 이미 알고 있습니다. 그렇다면 기도를 통해 얻을 수 있는 결과는 무엇인가요?

> 아무것도 염려하지 말고 다만 모든 일에 기도와 간구로, 너희 구할 것을 감사함으로 하나님께 아뢰라 그리하면 모든 지각에 뛰어난 하나님의 평강이 그리스도 예수 안에서 너희 마음과 생각을 지키시리라. (빌립보서 4장 6-7절)

기도의 목적은 소원 성취가 아니라 마음 지킴입니다. 나 자신을 포기하고 하나님께 내 마음과 생각의 주도권을 내어 드릴 때 하나님께서 마음을 지켜 주십니다. 내 안에 내재된 거짓 믿음을 포기하려면 기도해야 합니다.

포기하려면, 둘째로 말씀이 필요합니다. 성경은 인간을 구원으로 인도하는 하나님의 말씀이 담긴 책입니다. 성경의 목적은 무엇인가요? 인생의 지혜나 자기 계발의 비법이나 오늘의 운세를 알기 위해 성경을 읽나요? 아닙니다.

> 모든 성경은 하나님의 감동으로 된 것으로 교훈과 책망과 바르게 함과 의로 교육하기에 유익하니 이는 하나님의 사람으로 온전하게 하며 모든 선한 일을 행할 능력을 갖추게 하려 함이라. (디모데후서 3장 16-17절)

성경 말씀의 목적은 선한 일을 할 수 있는 능력을 갖추는 것입니다. 불쌍한 자를 돕는 단순한 구제에 국한되는 선한 일이 아니라 하나님께서 보시기에 좋은 일, 하나님께서 뜻하신 일을 하는 선한 일입니다. 세상의 거짓된 이념에 찌든 죄인을 온전하게 회복시켜 하나님 나라의 일꾼이 되게 하는 능력의 책이 성경, 하나님의 말씀입니다.

내 안의 거짓된 것들을 포기하려면, 셋째로 좋은 모범이 필요합니다. 하나님께서 기뻐하시는 믿음을 가지려면 그 믿음을 품고 살아가는 현실의 올바른 롤모델을 찾아야 합니다. 거짓된 믿음의 모범을 따르는 사람의 믿음은 거짓 믿음이 되고, 올바른 믿음의 모범을 따르는 사람의 믿음은 바른 믿음이 됩니다. 기독교

신앙의 원조인 초대교회의 모범은 누구였나요?

> 형제들아 너희는 함께 나를 본받으라 그리고 너희가 우리를 본받은 것처럼 그와 같이 행하는 자들을 눈여겨보라.
>
> (빌립보서 3장 17절)

바울은 예수를 모범으로 삼았고, 자신과 자기의 공동체를 모범으로 제시했습니다. 롤모델은 공동체 안에 있습니다. 어떤 공동체에 소속되느냐가 어떤 롤모델을 갖느냐를 결정합니다. 여전히 가족주의, 경제주의, 성공주의에 매인 공동체에 남아 있다면, 모범으로 삼는 대상도 여전히 그것의 노예일 수밖에 없습니다. 올바른 믿음의 모범을 가지려면 올바른 공동체에 머물러야 합니다.

예수를 믿는 예수의 믿음을 품으려면 옛것을 버려야 합니다. 썩어져 가는 구습을 벗어 버려야 새사람을 입을 수 있습니다. 그것은 쉽지 않습니다. 인간의 노력으로 불가능하고 하나님의 능력으로 가능합니다. 기도와 말씀을 통하여 새로운 공동체에서 올바른 롤모델을 따라야 합니다.

3) 성경

예수를 믿으려면 옛 생각을 버리고 그 자리를 하나님의 말씀으로 채워야 합니다. 채우기 위해서는 먼저 받아야 합니다. 어떻게 말씀을 받을까요? 베뢰아 사람의 이야기를 살펴보면 세 단계가 나타납니다.

> 베뢰아에 있는 사람들은 데살로니가에 있는 사람들보다 더 너그러워서 간절한 마음으로 말씀을 받고 이것이 그러한가 하여 날마다 성경을 상고하므로 그중에 믿는 사람이 많고 또 헬라의 귀부인과 남자가 적지 아니하나. (사도행전 17장 11-12절)

첫째로 베뢰아 사람은 간절한 마음이 있었습니다. 말씀을 받는 자의 절실한 마음 자세가 중요합니다. 예수가 행한 기적 이야기를 보면 믿음 있다고 평가한 사람에게는 공통적으로 간절함이 있었습니다. 간절한 마음이 말씀의 씨앗을 받는 좋은 땅입니다.

둘째로 베뢰아 사람은 말씀을 받았습니다. 말씀을 받는다는 말은 말씀을 듣거나 읽는다는 뜻입니다. 당시는 성경 두루마리가 귀했으므로 아마 누군가 대표로 말씀을 읽고 회중은 들었을 것입니다. 성경 읽는 소리를 듣고 설교를 들었습니다. 바울은

"믿음은 들음에서 나며 들음은 그리스도의 말씀으로 말미암았느니라"(롬 10:17)고 했습니다. 지금은 성경책이 흔한 시대이므로 정기적으로 읽는 것도 말씀을 받는 좋은 방법입니다.

셋째로 베뢰아 사람은 성경을 상고했습니다. 상고는 연구라는 뜻입니다. 연구하려면 질문이 필요합니다. 베뢰아 사람도 "이것이 그러한가" 질문했습니다. "이것이 그러한가"에는 호기심과 의심이 담겨 있습니다. 호기심과 의심, 즉 합리적 이성은 하나님께서 인간에게 주신 선물입니다. 말씀을 무비판적으로 받는 게 능사가 아닙니다. 묻지마 믿음은 위험합니다. "이것이 그러한가" 확인하려는 연구자의 자세가 필요합니다. 혼자 하면 개인적 편견에 빠질 수 있으니, 신뢰할 만한 교사와 도서가 필요하고 믿음의 공동체와 함께 토론하면 좋습니다.

믿음은 거저 주어지지 않습니다. 베뢰아 사람을 본받아 간절한 마음을 가집시다. 매일 성경을 읽으며 깊게 공부합시다.

4) 변화

거짓된 옛 생각을 버리고 하나님의 말씀으로 채우면 내면에 변화가 시작됩니다. 그것이 믿음의 시작입니다. 하나님 나라가 내 안에 꿈틀거리며 서서히 예수를 믿는 그리스도인으로 탈바꿈하게 됩니다. 믿음은 내면을 거쳐 삶으로 나타나게 되는데, 내

면의 믿음을 삶으로 끌어내는 것은 쉽지 않습니다. 어떻게 하나님 나라를 내 삶 속에서 시작할 수 있을까요?

첫 번째, 가치관의 변화가 필요합니다. 가치관은 인생의 우선순위로 나타납니다. 어디에 어떻게 돈, 시간, 노력을 들이며 사느냐가 결국 인생의 우선순위이고 가치관입니다. 가치관은 기쁨의 이유로도 확인할 수 있습니다. 과연 무엇에서 기쁨을 느끼는지를 정직하게 들여다보면 가치관을 알 수 있습니다. 혹시 육체의 만족과 경제적 풍요와 인생의 성공과 안정이 기쁨의 조건은 아닌지 점검합시다. 행복의 조건, 그러니까 진정 나를 행복하게 하는 것이 무엇인지를 확인합시다. 그것이 바로 가치관입니다.

두 번째, 믿음의 사람이 되려면 미디어를 대하는 자세가 달라져야 합니다. 가치관은 미디어의 영향을 크게 받기 때문입니다. 나도 모르는 사이에 신문, 방송, 포털 사이트의 지배를 받습니다. 유튜브, 페이스북, 인스타그램에서 눈을 떼지 못할 때가 많습니다. 우리의 가치관을 미디어에게 갖다 바치지 맙시다. 뉴스를 의심합시다. 지지하는 언론이라고 무조건 받아들이지 말고 예수 중심의 가치를 가지고 주체적으로 판단합시다. 광고에 속지 맙시다. 광고에 중독되면 소비가 행복의 기준이 되고 맙니다. 미디어가 전해 주는 문화 콘텐츠를 말씀을 근거로 비판하고 수용합시다.

세 번째, 건강한 믿음을 가지려면 건강한 하나님 나라 가치관

을 공유한 공동체에 소속되어야 합니다. 좋은 믿음의 공동체는 나를 좋은 믿음의 사람으로 만들고, 나쁜 믿음의 공동체는 나를 나쁜 믿음의 사람으로 만듭니다. 건강한 믿음의 공동체에서 의미 있는 대화를 나눕시다. 신변잡기식 사담에 머물지 말고 하나님의 정의와 평화와 창조질서에 대한 이야기를 나눕시다. 고난받는 사람들을 위해 기도하고, 방문하며 위로합시다. 복음을 전하는 선교사를 위해 기도하고 격려합시다.

내 안에 믿음의 모종을 심으려면 먼저 기존의 잡초를 뽑아야 합니다. 과거에 나를 지배하던 거짓된 생각을 성령의 능력에 의지하여 포기합시다. 그리고 그 자리에 하나님의 말씀을 심읍시다. 그리고 하나님 나라의 가치관을 갖도록 노력합시다.

6. 믿음 살기

믿음 알기와 믿음 심기, 그다음은 무엇인가요? 믿음 살기입니다. 예수가 전한 하나님 나라 복음이라는 믿음의 씨앗을 내 안에 심으면 어떤 일이 일어나나요? 믿음의 나무가 자랍니다. 그 나무는 살아 있어야 합니다. 그래야 열매가 맺힙니다. 결실을 맺는 살아 있는 믿음이란 무엇인가요?

> 영혼 없는 몸이 죽은 것같이 행함이 없는 믿음은 죽은 것이니라. (야고보서 2장 26절)

행함 있는 믿음이 살아 있는 믿음입니다. 그런데 행함 있는 믿음이란 무엇인가요? 그것은 내 안에 심긴 하나님 나라의 씨앗이 자랄 것을 바라는 소망입니다. 하나님 나라가 지금은 보이지 않지만 마치 본 것처럼 사는 삶입니다.

> 믿음은 바라는 것들의 실상이요 보이지 않는 것들의 증거니.
> (히브리서 11장 1절)

히브리서 기자가 정의한 믿음에서 바라는 것과 보이지 않는 것은 하나님 나라입니다. 예수의 죽음과 부활로 시작해서 이제 내 안에 심긴 하나님 나라는 아직 완전히 이뤄지지 않았습니다. 하늘에 속한 하나님 나라의 사람이 살아가야 하는 이 땅은 아직 죄악의 세상입니다. 하나님의 정의와 평화가 온전하게 이뤄지지 않는 세상에 우리는 살고 있습니다.

하지만 복음의 씨앗이 확실히 심긴 사람은 이 땅에서 하나님 나라를 살아갑니다. 주님 나라의 완성을 기대하며 그 나라 백성의 삶의 방식으로 살아갑니다. 살아 있는 믿음이란 간절히 바라지만 아직은 분명히 보이지 않는 하나님 나라를 오늘의 삶 속에서 사는 그리스도인의 삶입니다. 살아 있는 믿음의 사람은 어떻게 살아가나요? 실천하다 충돌하지만 극복하여 평안을 누리며 삽니다.

1) 실천

믿음의 삶은 어렵습니다. 죄악이 판치는 세상에서 예수가 전한 하나님 나라의 방식대로 살아가기는 쉽지 않습니다. 여러 가지 유혹이 있기 때문입니다. 가장 큰 유혹은 하나님을 감금하라는 유혹입니다. 하나님을 믿는 신앙을 종교 영역에만 국한시키라는 유혹입니다. 예수는 이런 유혹에 빠진 삶을 비판합니다.

> 화 있을진저 외식하는 서기관들과 바리새인들이여 너희가 박하와 회향과 근채의 십일조는 드리되 율법의 더 중한 바 정의와 긍휼과 믿음은 버렸도다 그러나 이것도 행하고 저것도 버리지 말아야 할지니라. (마태복음 23장 23절)

당시 종교 지도자는 율법의 형식에 갇힌 사람이었습니다. 제사와 제물과 십일조라는 율법의 형식은 지켰지만, 그 안에 담겨야 할 정의와 긍휼과 믿음이라는 율법의 내용은 버렸습니다. 예수는 율법의 형식과 내용을 모두 간직하라고 가르쳤습니다.

하나님을 종교라는 형식에 가두라는 유혹에 빠지면, 하나님을 동물원 호랑이 취급하게 됩니다. 마치 호랑이처럼 인간이 통제할 수 없는 하나님을, 종교라는 동물원 철창에 모셔 놓고, 주일에 한 번씩 가서 바라보며 그 위엄에 경탄을 보내고 돌아오면 된다는 식의 신앙생활을 하게 됩니다. 하나님을 종교에 가뒀으니 일상에서는 마치 하나님께서 안 계신 듯 이기적인 삶을 살게 됩니다. 이런 유혹을 떨치고 율법 내용과 형식, 신앙과 일상이 통합된 믿음의 삶을 살기 위해서는 어떻게 해야 할까요?

첫째, 행함이 필요합니다. 믿음이 있으면 행함도 있어야 합니다. 믿음과 행함은 반대 개념이 아닙니다. 행함으로 구원을 얻을 수 없다는 말은 사랑 없이 율법의 형식만을 실천하는 행함에 대한 비판이며, 믿음의 결과로서 자연스럽게 나타나는 선행을 하

지 말라는 말이 아닙니다. 믿음은 행함을 포함합니다.

> 내 형제들아 만일 사람이 믿음이 있노라 하고 행함이 없으면 무슨 유익이 있으리요 그 믿음이 능히 자기를 구원하겠느냐 만일 형제나 자매가 헐벗고 일용할 양식이 없는데 너희 중에 누구든지 그에게 이르되 평안히 가라, 덥게 하라, 배부르게 하라 하며 그 몸에 쓸 것을 주지 아니하면 무슨 유익이 있으리요 이와 같이 행함이 없는 믿음은 그 자체가 죽은 것이라.
>
> (야고보서 2장 14-17절)

행함은 이웃을 향한 돌봄입니다. 가난한 형제와 고통받는 자매를 위한 현실적인 베풂입니다. 지갑을 열어 돈을 꺼내서 먹을 것을 사 주고, 시간을 내서 손과 발로 봉사하며 도와줘야 합니다. 위로한답시고 기도한답시고 "그 몸에 쓸 것을 주지 아니"하고 종교 언어만 떠들면 진실한 믿음이 아닙니다.

둘째로, 믿음의 삶을 살려면 하나님을 신뢰해야 합니다. 누군가를 도와주려고 하면 '내 것을 나눠 주면 나는 무엇을 먹고 살지? 베풀고 나면 내가 궁핍해지지 않을까?' 하는 걱정이 들 수 있습니다. 나눠 주고 나면 자기가 가난해질까 두려워하는 생각은 하나님께서 주시는 생각이 아닙니다. 예수는 하나님을 신뢰하라고 가르쳤습니다.

> 오늘 있다가 내일 아궁이에 던져지는 들풀도 하나님이 이렇게 입히시거든 하물며 너희일까보냐 믿음이 작은 자들아 그러므로 염려하여 이르기를 무엇을 먹을까 무엇을 마실까 무엇을 입을까 하지 말라 … 너희 하늘 아버지께서 이 모든 것이 너희에게 있어야 할 줄을 아시느니라. (마태복음 6장 30-32절)

생계에 대한 염려는 믿음 없음의 증거 중 하나입니다. 경제지상주의에 짓눌려서 미래 먹거리를 미리 걱정하는 것은 사실 마귀의 유혹일 수 있습니다. 과도한 저축은 하나님을 향한 불신앙일 수 있습니다. 하나님께서는 광야 백성에게 내려 주셨던 만나처럼 내일 먹을 것은 내일 주십니다. 자기 자녀의 필요를 채우시고 생계를 책임지시는 하나님을 향한 신뢰가 있다면 두려움 없이 베풀고 나누며 믿음을 실천할 수 있습니다.

셋째로, 신앙과 일상이 통합된 삶을 살려면 기도해야 합니다. 믿음이 있는 자의 실천 중 가장 중요한 것은 기도입니다. 그리스도인은 기도하는 사람이고, 기도하지 않는 사람은 그리스도인이 아닙니다. 왜냐면 기도에는 네 가지 신앙고백이 담겨 있기 때문입니다. 하나님께서는 살아 계시기에 나의 기도를 들으신다는 하나님의 존재에 대한 믿음, 나의 능력에는 한계가 있어서 하나님의 도우심이 반드시 필요하다는 의존하는 믿음, 하나님과 나는 기도와 응답을 나눌 정도로 친밀한 관계라는 믿음, 하나님께

서는 나의 기도에 응답하실 만큼 큰 능력을 가지신 분이라는 믿음이 담겨 있습니다. 기도하는 사람은 이 네 가지 믿음을 가진 사람이고, 기도하지 않는 사람은 이 네 가지 믿음을 안 가진 사람입니다. 그러면 어떻게 기도해야 할까요?

> 그런즉 너희는 먼저 그의 나라와 그의 의를 구하라 그리하면 이 모든 것을 너희에게 더하시리라. (마태복음 6장 33절)

기도자는 하나님의 나라와 하나님의 의를 위해 먼저 기도해야 합니다. 하나님의 뜻에 순종하며 사는 의로운 삶을 살기로 다짐하고, 그 나라가 완전히 이뤄지도록 노력하고 기대하는 믿음의 기도를 하라고 예수는 가르쳤습니다. 그리고 믿음의 기도자는 자기를 위해서만 기도하지 않습니다.

> 믿음의 기도는 병든 자를 구원하리니 주께서 그를 일으키시리라. (야고보서 5장 15절)

질병으로 고통당하는 자를 위해 기도해야 합니다. 우리 주변에는 육체의 질병뿐만 아니라 우울증이나 공황장애 같은 정신적 질병으로 힘들어하는 이웃도 많습니다. 또한 죄악으로 인한 불의한 사회 구조의 결과로 고난받는 소수자도 많습니다. 하나님

을 알지 못하고 거부하는 질병에 걸려 있는 영적 환자도 있습니다. 모든 환자를 위해 기도할 때 하나님께서는 응답하시고 구원하십니다.

약자를 돕는 행함이 있는 믿음이 살아 있는 믿음입니다. 우리의 삶을 책임지시는 하나님을 신뢰하는 자가 바로 살아 있는 믿음이 있는 그리스도인입니다. 하나님 나라와 고난받는 이웃을 위해 기도하는 사람이 믿음 있는 자입니다. 하나님을 종교에 가두라는 유혹을 뿌리치고, 하나님을 신뢰하고 기도하며 말씀을 생활에서 실천합시다.

2) 충돌

살아 있는 믿음을 가지고 사는 삶은 어렵습니다. 세상이 그렇게 살도록 쉽게 허용하지 않습니다. 죄악 세상의 질서와 하나님 나라의 질서는 서로 충돌할 수밖에 없습니다. 주님 나라의 생활 방식은 반드시 이 세상의 생활 방식과 마찰을 일으키며 충돌을 감수할 수밖에 없습니다. 악한 영의 권세는 충돌을 회피하고 세상에 적응하라고 그리스도인을 유혹하지만, 그럴 수 없습니다. 예수의 말씀을 따라 하나님 나라를 살아간 선조들은 죄악 세상에 대적하여 타협하지 않고 고통을 감수하며 살았습니다.

(1) 대적

초대교인들은 마귀 권세의 위협을 경험했습니다. 예수를 메시아로 인정하지 않고 죽여 버린 유대인은 여전히 율법을 앞세우며 예수를 따르는 자를 박해했습니다. 로마제국은 황제 숭배를 강요하며 거부하는 사람을 죽였습니다. 하나님은 박해당하는 자에게 이런 말씀을 주셨습니다.

> 근신하라 깨어라 너희 대적 마귀가 우는 사자같이 두루 다니며 삼킬 자를 찾나니 너희는 믿음을 굳건하게 하여 그를 대적하라. (베드로전서 5장 8-9절)

마귀 권세는 그리스도인을 적극적으로 박해했습니다. 초대교인들은 순교를 감수하며 믿음을 지켰습니다. 나사렛 예수를 구원자 그리스도요, 통치자 주님으로 고백하며 유대인과 로마제국에 맞섰습니다. 굳건한 믿음으로 당시의 종교적 사회적 질서에 저항했습니다. 그들에게 어떻게 저항했을까요?

(2) 비타협

믿음을 지키고 예수를 따르는 자는 타협하지 않으며 손해를 감수합니다. 믿음을 포기하면 당시 주류 세력인 유대인과 원만한 관계를 유지할 수 있었고, 로마제국 치하에서 현실에 타협하

면 경제적으로 더 윤택하게 살 수 있었습니다. 그러나 예수의 가르침을 따르는 믿음의 선조들은 타협을 거부했습니다.

> 한 사람이 두 주인을 섬기지 못할 것이니 혹 이를 미워하고 저를 사랑하거나 혹 이를 중히 여기고 저를 경히 여김이라 너희가 하나님과 재물을 겸하여 섬기지 못하느니라.
>
> (마태복음 6장 24절)

예나 지금이나 경제적 문제는 믿음을 포기하는 가장 설득력 있는 이유입니다. 지혜롭게 타협하면 돈도 벌고 신앙도 지킬 수 있다는 유혹이 닥칩니다. 그러나 그럴 수 없습니다. 두 주인을 섬길 수 없기 때문입니다. 이런 비타협적인 신앙은 모세의 뒤를 이어 지도자가 된 여호수아의 고백에도 등장합니다.

> 만일 여호와를 섬기는 것이 너희에게 좋지 않게 보이거든 너희 조상들이 강 저쪽에서 섬기던 신들이든지 또는 너희가 거주하는 땅에 있는 아모리 족속의 신들이든지 너희가 섬길 자를 오늘 택하라 오직 나와 내 집은 여호와를 섬기겠노라.
>
> (여호수아 24장 15절)

출애굽 백성들은 가나안에 가까울수록 하나님의 명령을 망각

했습니다. 광야를 유랑하는 유목민의 삶에서는 각종 위험에서 구원하시는 여호와를 믿는 신앙이 유효했습니다. 그러나 가나안에 다다르고 정착하게 되자, 구원하시는 여호와 신앙은 풍요를 지향하는 가나안 토속 신앙과 점점 혼합되었습니다. 이때 여호수아는 "너는 나 외에는 다른 신들을 네게 두지 말라"(출 20:3)는 십계명 제1계명을 지켰습니다. 여호와 한 분만 섬기겠다는 여호수아의 급진적인 선택은 혼합주의에 빠진 백성들에게 경종을 울렸습니다. 여호수아의 신앙은 다니엘의 세 친구가 품었던 신앙과 맥을 같이 합니다.

> 너희가 만일 절하지 아니하면 즉시 너희를 극렬히 타는 풀무 가운데 던져 넣을 것이니 능히 너희를 내 손에서 건져낼 신이 어떤 신이겠느냐 사드락과 메삭과 아벳느고가 왕에게 대답하여 가로되 느부갓네살이여 우리가 이 일에 대하여 왕에게 대답할 필요가 없나이다 만일 그럴 것이면 왕이여 우리가 섬기는 우리 하나님이 우리를 극렬히 타는 풀무 가운데서 능히 건져내시겠고 왕의 손에서도 건져내시리이다 그리 아니하실지라도 왕이여 우리가 왕의 신들을 섬기지도 아니하고 왕의 세우신 금 신상에게 절하지도 아니할 줄을 아옵소서.
>
> (다니엘 3장 15-18절, 개역한글)

세 친구의 생사여탈권을 쥐고 있는 바벨론 왕 느부갓네살은 의기양양했습니다. 자신을 능가할 신이 없다고 생각했습니다. 그러나 세 친구는 교만한 왕을 능가하는 믿음을 가지고 있었습니다. 그것은 바로 "그리 아니하실지라도"의 신앙입니다. 전능하시고 선하신 하나님을 전적으로 신뢰하는 믿음이 있었기에 죽음의 상황 속에서도 믿음을 지키고 승리할 수 있었습니다. 그런데 악한 권세를 향하여 비타협적으로 대적하여 승리하기 위해서는 반드시 경험하는 과정이 있습니다.

(3) 고난

죄악에 대적하며 비타협적으로 사는 삶은 고난의 연속입니다. 때로는 고통이 그리스도인의 신앙을 흔들어서 '왜 하나님께서 고통을 주시는가' 물으며 하나님을 탓하기도 합니다. 그러나 바울의 경우를 보면 신자의 고난은 당연합니다.

바울은 루스드라에서 복음을 전하다가 안디옥과 이고니온에서 온 유대인들에게 돌팔매질을 당했습니다. 바울이 피 흘리고 쓰러지자 유대인들은 그가 죽은 줄로 알고 갖다 버렸습니다. 거의 죽었다 소생한 바울은 다음 날 다시 자기에게 돌 던진 사람들의 도시, 루스드라와 안디옥과 이고니온을 찾아갑니다. 그리고 그곳의 그리스도인에게 이렇게 말했습니다.

제자들의 마음을 굳게 하여 이 믿음에 머물러 있으라 권하고 또 우리가 하나님의 나라에 들어가려면 많은 환난을 겪어야 할 것이라 하고. (사도행전 14장 22절)

바울은 하나님 나라를 향하는 여정에 많은 환난은 필수라고 했습니다. 고난을 두려워하지 않는 믿음을 품고 사는 삶이 그리스도인의 삶이라는 것을 바울은 몸소 보여 줬습니다. 이렇게 초대교회는 시험과 시련을 인내하는 믿음을 갖고 살았습니다.

세상에 적응하며 살라고 속삭이는 악한 권세의 유혹을 뿌리쳐야 합니다. 죄악을 향하여 비타협적으로 대적해야 합니다. 물론 고통이 닥칠 것입니다. 당연합니다. 오히려 세상과의 충돌로 인한 시험과 시련은 기쁨의 이유입니다. 마찰과 고통이 바로 그리스도인의 징표이기 때문입니다.

내 형제들아 너희가 여러 가지 시험을 당하거든 온전히 기쁘게 여기라 이는 너희 믿음의 시련이 인내를 만들어 내는 줄 너희가 앎이라. (야고보서 1장 2-3절)

3) 극복

인간에게 고통은 좋지 않습니다. 충돌과 고통은 극복해야 합

니다. 어떻게 극복할까요? 가장 쉬운 방법은 타협하고 혼합하여 충돌을 회피하는 것입니다. 그러나 이런 유혹에 빠지면 안 됩니다. 타협과 혼합은 올바른 극복 방법이 아닙니다. 하나님 나라 방식으로 창의적으로 극복해야 합니다. 예수는 다가오는 박해를 예상하며 제자들에게 이런 말을 남겼습니다.

> 보라 내가 너희를 보냄이 양을 이리 가운데로 보냄과 같도다 그러므로 너희는 뱀같이 지혜롭고 비둘기같이 순결하라.
>
> (마태복음 10장 16절)

이리는 양을 잡아먹기 때문에 이리들 가운데로 보냄 받은 양은 위험합니다. 어떻게 이리들 가운데 양으로 살아갈 수 있을까요? 이 질문은 제자들을 파송하는 예수의 질문이며, 동시에 악의 권세가 날뛰는 세상을 살아가는 그리스도인의 질문입니다.

예수는 뱀의 지혜와 비둘기의 순결을 해답으로 제시합니다. 뱀 같은 지혜를 통해서 비둘기 같은 순결을 지킬 수 있고, 동시에 비둘기 같은 순결을 통해서 뱀같이 지혜로울 수 있습니다. 매우 역설적이며 어려운 대답입니다. 하지만 그 역설 가운데 하나님 나라의 창의력이 싹틉니다. 순결한 지혜와 지혜로운 순결을 모두 지키는 창의적인 사례를 다니엘과 세 친구가 경험한 세 단계의 경험에서 찾을 수 있습니다.

(1) 상황

믿음의 사람 다니엘은 상황을 예리하게 인식하는 소년이었습니다. 이스라엘을 멸망시킨 바벨론 제국은 이스라엘 자손 중에서 용모가 아름답고 지혜로운 소년들을 선택해서 왕궁의 일을 시키기 위해 바벨론의 학문과 언어를 교육시켰습니다. 거기에 뽑힌 다니엘과 세 친구는 왕의 음식과 포도주를 마셔야 했습니다. 그러나 다니엘은 그럴 수 없었습니다.

> 다니엘은 뜻을 정하여 왕의 음식과 그가 마시는 포도주로 자기를 더럽히지 아니하리라 하고 자기를 더럽히지 아니하도록 환관장에게 구하니. (다니엘 1장 8절)

다니엘은 이 음식이 단순한 음식이 아님을 알았습니다. 왕이 먹는 고기는 바벨론 신에게 바쳐진 제물이었고, 포도주는 포로된 동족의 피와 땀이 서린 노예 노동의 결과였기에 다니엘은 거부했습니다. 언뜻 보면 왕의 음식과 포도주는 다니엘에게 주어진 특혜이며 하나님의 축복처럼 보입니다. 하지만 다니엘은 역사의식을 가지고 자기에게 주어진 특혜를 받아들이지 않기로 친구들과 함께 작정했습니다. 아마 다니엘 혼자서는 힘들었을 것입니다. 하나님의 뜻을 함께 품은 믿음의 우정 공동체가 있었기에 가능했을 것입니다. 주어진 악한 규칙을 깨기 위해 네 사람은 어

떻게 했을까요?

(2) 도전

다니엘은 대안을 가지고 도전했습니다. 다니엘은 음식을 거부하기로 했지만 단식 투쟁에 나서지 않았습니다. 결의에 찬 단순한 투쟁이 항상 능사는 아닙니다. 다니엘은 무작정 거부하지 않고 대안을 제시했습니다.

> 다니엘이 말하되 청하오니 당신의 종들을 열흘 동안 시험하여 채식을 주어 먹게 하고 물을 주어 마시게 한 후에 당신 앞에서 우리의 얼굴과 왕의 음식을 먹는 소년들의 얼굴을 비교하여 보아서 당신이 보는 대로 종들에게 행하소서 하매.
>
> (다니엘 1장 11-13절)

다니엘은 위기를 기회로 삼았습니다. 규정을 거부했다가 사형을 당할지도 모르는 절체절명의 위기를 탐욕스러운 제국의 음식 문화를 능가하는 소박한 채식의 우수성을 드러내는 기회로 역전시켰습니다. 화려한 제국의 문화를 부끄럽게 만드는 전복적이며 대안적인 방식을 실천했습니다.

(3) 승리

결국 다니엘이 옳았습니다. 열흘 동안 시험해 보니 다니엘과 세 친구의 얼굴이 더 아름답고 윤택했습니다. 왕의 음식을 먹었던 다른 소년보다 훨씬 더 좋아 보였습니다. 다니엘이 승리했습니다.

> 그리하여 감독하는 자가 그들에게 지정된 음식과 마실 포도주를 제하고 채식을 주니라 하나님이 이 네 소년에게 학문을 주시고 모든 서적을 깨닫게 하시고 지혜를 주셨으니 다니엘은 또 모든 환상과 꿈을 깨달아 알더라. (다니엘 1장 16-17절)

다니엘은 왕의 육식과 포도주를 먹지 않을 수 있게 되었습니다. 그뿐만 아닙니다. 다니엘과 세 친구는 바벨론의 학문과 언어를 배워야 했는데 다른 소년을 능가했습니다. 하나님께서 세상 지식을 뛰어넘는 지혜를 주셨기 때문입니다. 이 모든 것은 하나님의 은혜와 능력으로 가능했습니다.

다니엘과 같은 창의적인 믿음의 사례는 복음서에도 등장합니다. 예수가 칭찬한 믿음의 사람은 다니엘처럼 창의적이었습니다. 현실에 좌절하지 않고 새로운 길을 찾았습니다. 그 길은 통념을 깨는 위험한 길이었습니다. 하지만 믿음의 사람은 현실의 차원이 아닌 하나님의 차원을 보기에 그 위험한 길을 갔습니다.

중풍병자를 데려온 네 사람은 무리들 때문에 예수께 갈 수 없었습니다. 하지만 그들은 포기하지 않고 지붕으로 올라가서 지붕을 뜯어 구멍을 내고 중풍병자가 누운 들것을 예수 앞에 달아 내렸습니다. 예수는 그들의 이례적인 행동을 이렇게 평가했습니다.

> 예수께서 그들의 믿음을 보시고 중풍병자에게 이르시되 작은 자야 네 죄 사함을 받았느니라 하시니. (마가복음 2장 5절)

예수는 그들의 믿음을 보았습니다. 2차원의 직선적 사고방식을 초월하여 지붕에 올라가는 3차원의 입체적 생각과 시도를 믿음이라고 불렀습니다. 비슷한 사례는 12년 동안 혈루증으로 고생한 여자 이야기에도 나옵니다. 그녀는 예수의 뒤로 와서 예수의 옷에 손을 댔는데, 이 행위는 병자와 접촉을 금지했던 유대문화와 혼인 외 남녀 간의 신체 접촉을 금지하는 문화를 거스르는 위험한 행동이었습니다. 예수는 누군가 자기를 만지는 것을 느꼈습니다. 혼날 것을 두려워 벌벌 떠는 그녀에게 예수는 이렇게 말했습니다.

> 예수께서 이르시되 딸아 네 믿음이 너를 구원하였으니 평안히 가라 네 병에서 놓여 건강할지어다. (마가복음 5장 34절)

예수는 당시 통념과 금기를 깨는 혈루증 여인의 행동을 믿음으로 간주하고 칭찬하며 질병을 고쳐 주었습니다. 맹인 거지 바디매오의 경우도 비슷합니다. 바디매오는 예수가 근처에 왔다는 말을 듣고 "다윗의 자손 예수여 나를 불쌍히 여기소서"라고 소리쳤습니다. 맹인 거지가 공공장소에서 소란을 피운 셈입니다. 많은 사람이 조용히 하라고 꾸짖자, 바디매오는 조용하기는 커녕 더욱 크게 소리 지르며 순응하지 않고 저항했습니다. 결국 소리를 듣고 예수가 그를 불렀습니다. 그리고 꾸짖었을까요? 아닙니다. 원하는 것이 무엇이냐 물었습니다. 그리고 이렇게 말했습니다.

> 예수께서 이르시되 가라 네 믿음이 너를 구원하였느니라 하시니 그가 곧 보게 되어 예수를 길에서 따르니라.
>
> (마가복음 10장 52절)

중풍병자를 데려온 사람들, 혈루증 앓는 여인, 맹인 거지 바디매오, 이들은 모두 당시의 통념을 깬 사람, 예수로부터 믿음 있다는 평가를 받은 자입니다. 세상의 시각이 아닌 하나님의 시각으로 세상을 바라보고 새로운 차원의 행동을 한 사람이 바로 믿음의 사람입니다. 세상과의 충돌을 회피하라는 유혹을 뿌리치고, 어려운 상황 속에서도 하나님을 의지하여 도전하여 승리하

는 믿음의 사람은 요한1서 말씀처럼 궁극적으로 승리합니다.

> 무릇 하나님께로부터 난 자마다 세상을 이기느니라 세상을 이기는 승리는 이것이니 우리의 믿음이니라. (요한1서 5장 4절)

4) 평안

승리의 결과는 무엇일까요? 예수가 전한 하나님 나라 복음을 실천하다가 세상과 충돌하여 고난을 당하지만 창의적으로 극복한 믿음의 사람이 얻는 열매는 바로 평안입니다. 그 평안은 세상이 주는 평안과는 다릅니다.

세상은 그리스도인을 거짓 평안으로 유혹합니다. 육체를 만족시키는 감각적 쾌락이 진정한 평안이라고 꾑니다. 타인과의 비교를 통해 느끼는 교만한 우월감이 인생을 걸고 추구할 만한 참된 기쁨이라고 유인합니다. 그러나 그것은 사실이 아닙니다. 만족하지 못하고 오히려 더 큰 허전함과 허탈감과 허무감에 빠집니다. 탐욕과 교만을 만족시킨 결과는 거짓 평안입니다. 믿음의 사람은 거짓 평안이 아닌 참 평안을 추구합니다. 참 평안을 누리기 위해 거쳐야 하는 단계가 있습니다.

(1) 고난

요셉은 괴로운 인생을 살았습니다. 형들에 의해 이집트에 팔려 간 요셉은 인간의 존엄성을 인정받지 못하는 천한 노예가 되었습니다. 급기야 주인마님의 거짓말로 인해 언제 죽을지 모르는 죄수가 됩니다. 성경은 요셉의 신세를 어떻게 평가했나요?

> 여호와께서 요셉과 함께하시므로 그가 형통한 자가 되어 그의 주인 애굽 사람의 집에 있으니 그의 주인이 여호와께서 그와 함께 하심을 보며 또 여호와께서 그의 범사에 형통하게 하심을 보았더라. (창세기 39장 2-3절)

> 간수장은 그의 손에 맡긴 것을 무엇이든지 살펴보지 아니하였으니 이는 여호와께서 요셉과 함께 하심이라 여호와께서 그를 범사에 형통하게 하셨느니라. (창세기 39장 23절)

성경은 하나님께서 요셉을 형통하게 하셨다고 말합니다. 어떻게 처량한 노예, 억울한 죄수였던 요셉이 형통한 자일 수 있나요? 그렇게 평가하는 기준은 무엇인가요? 그 기준은 여호와의 함께 하심입니다. 어떤 상황 속에서도 여호와께서 함께하시는 자는 형통한 자입니다. 하나님과 함께하는 형통을 일찍이 깨달은 다윗은 이런 노래를 불렀습니다.

내가 사망의 음침한 골짜기로 다닐지라도 해를 두려워하지 않을 것은 주께서 나와 함께 하심이라 주의 지팡이와 막대기가 나를 안위하시나이다. (시편 23편 4절)

주께서 함께하신다면 어떤 위험 속에서도 두렵지 않습니다. 죽음의 위협과 상해의 위험 속에서도 하나님의 인도와 보호를 신뢰하기에 담대할 수 있습니다. 그래서 하박국 선지자도 이런 고백을 할 수 있었습니다.

비록 무화과나무가 무성하지 못하며 포도나무에 열매가 없으며 감람나무에 소출이 없으며 밭에 먹을 것이 없으며 우리에 양이 없으며 외양간에 소가 없을지라도 나는 여호와로 말미암아 즐거워하며 나의 구원의 하나님으로 말미암아 기뻐하리로다 주 여호와는 나의 힘이시라 나의 발을 사슴과 같게 하사 나를 나의 높은 곳으로 다니게 하시리로다.

(하박국 3장 17-19절)

하나님께서 함께하신다면 어떤 경제적 고통도 이겨 낼 수 있습니다. 내 능력의 근원이 하나님이시기에 어떤 고난의 상황 속에서도 기뻐하고 즐거워할 수 있습니다. 하나님과 함께한다고 고난이 없는 것이 아닙니다. 파도 치지 않는 바다가 없듯이 고난

없는 인생은 없습니다. 예수의 비유에 보면 반석 위에 세운 집에도 비가 내리고 홍수가 나고 폭풍이 불어닥칩니다. 그러나 말씀을 듣고 행하는 믿음이 있기에 그 집은 무너지지 않습니다.

> 그러므로 누구든지 나의 이 말을 듣고 행하는 자는 그 집을 반석 위에 지은 지혜로운 사람 같으리니 비가 내리고 창수가 나고 바람이 불어 그 집에 부딪치되 무너지지 아니하나니 이는 주추를 반석 위에 놓은 까닭이요. (마태복음 7장 24-25절)

(2) 구원

고난은 구원을 위한 필수 과정입니다. 고난 속에서도 하나님과 동행했다면 그는 이미 하나님 나라를 사는 자 즉 구원을 얻은 자이며, 장차 하나님 나라의 완성에 참여하는 구원을 얻을 자입니다. 이 구원은 영혼의 구원입니다.

> 예수를 너희가 보지 못하였으나 사랑하는도다 이제도 보지 못하나 믿고 말할 수 없는 영광스러운 즐거움으로 기뻐하니 믿음의 결국 곧 영혼의 구원을 받음이라.
>
> (베드로전서 1장 8-9절)

여기서 영혼은 그리스 철학에서 말하는 육체의 반대 개념이 아닙니다. 여기서 영혼은 영, 육, 혼이 통합된 개념입니다. 바로 통전적인 구원입니다. 이 구원은 단지 내세 천당, 현세 축복, 육체 건강이 아닙니다. 나의 영, 육, 혼이 이 세상에서 하나님의 통치 즉 정의, 평화, 생명이 넘치는 하나님 나라를 살다가, 저 세상에서 하나님 나라의 완성에 영원히 동참하는 것입니다.

(3) 참 평안

하나님께서 허락하시는 평안은 세상의 평안과 다릅니다. 이 평안은 예수의 평안, 참 평안입니다. 참 평안을 얻은 자는 어떠한 경우에도 근심하지 않고 두려워하지 않습니다. 왜냐면 세상이 주는 거짓 평안의 근거는 외부 상황의 변화에 있지만, 예수가 주는 참 평안은 성령이 살아 움직이는 내면의 하나님 나라에 있기 때문입니다.

> 평안을 너희에게 끼치노니 곧 나의 평안을 너희에게 주노라
> 내가 너희에게 주는 것은 세상이 주는 것과 같지 아니하니라
> 너희는 마음에 근심하지도 말고 두려워하지도 말라.
> (요한복음 14장 27절)

참 평안은 물로 비유할 수 있습니다. 자연의 물은 마시면 그

순간에는 갈증을 해소하지만 언젠가 우리는 다시 목마르게 되어 있습니다. 세상이 주는 만족과 평안이 이와 같습니다. 잠시 만족했다가 반드시 얼마 후 다시 불만족의 상태가 되고 맙니다. 하지만 참 평안의 생수는 다릅니다.

> 예수께서 대답하여 이르시되 이 물을 마시는 자마다 다시 목마르려니와 내가 주는 물을 마시는 자는 영원히 목마르지 아니하리니 내가 주는 물은 그 속에서 영생하도록 솟아나는 샘물이 되리라. (요한복음 4장 13-14절)

예수가 주는 물은 다시는 목마르지 않게 하는 물입니다. 이것이 예수가 주는 평안입니다. 다시는 불만족 없는 인생이 바로 영생입니다. 이것은 만족과 평안의 근거가 외부에 있지 않고 내면에 있기에 가능합니다. 마치 발전소를 내부에 장착하고 다니는 항공모함과 비슷하다고 할 수 있습니다. 그래서 참 평안을 누리는 믿음의 사람은 환난 속에서도 담대합니다. 예수가 사망 권세를 물리치고 부활한 그 승리를 믿기에, 믿음의 사람은 죽음도 두려워하지 않는 참 평안을 얻게 됩니다.

> 이것을 너희에게 이르는 것은 너희로 내 안에서 평안을 누리게 하려 함이라 세상에서는 너희가 환난을 당하나 담대하라 내가 세상을 이기었노라. (요한복음 16장 33절)

악한 권세는 그리스도인에게 거짓 평안에 만족하라고 유혹합니다. 여기에 많은 기독교인들이 넘어갑니다. 그래서 세상과 타협하고 죄악이 혼합된 삶을 살며 잠시 만족하는 듯하지만 결국 고통의 굴레에서 벗어나지 못합니다. 그러나 진정한 그리스도인은 유혹을 뿌리칩니다. 어떤 고난 속에서도 하나님과 동행하는 믿음을 가지고 구원을 경험하며 참 평안을 누리는 자가 믿음의 사람입니다.

믿음의 사람은 실천으로 열매를 맺습니다. 살아 있는 믿음은 하나님을 신뢰하고 기도하며 행함으로 증명됩니다. 믿음의 사람은 죄악 세상과 충돌합니다. 악한 권세와 타협하지 않고 대적하며 고통을 감수합니다. 믿음의 사람은 고난을 극복합니다. 예리한 상황 인식을 통해 대안적으로 도전하고 결국 승리합니다. 믿음의 사람은 평안을 맛봅니다. 어떤 고난 속에서도 하나님의 함께 하심을 믿으며 영혼의 구원에 도달하여 참 평안을 누립니다. 예수의 하나님 나라 복음이 믿어야 할 내용임을 알고 내면과 삶 속에 심고 행동으로 살아내는 믿음의 사람이 됩시다.

Ⅲ. 구원

7. 과거형 구원

8. 현재 진행형 구원

9. 미래형 구원

지금까지 우리는 예수와 믿음에 대해 살펴봤습니다. 가난한 동네 나사렛에서 가난한 자들과 함께 자란 가난한 예수는 세상을 구원하는 그리스도이며 다스리는 주님입니다. 예수를 믿는다는 말은 하나님 나라를 이루기 소망했던 예수의 믿음을 알고 그 믿음을 내 안에 심고 그 믿음을 따라 사는 삶입니다. 이제 다음 질문으로 넘어갑시다. 예수를 믿으면 어떻게 되나요? 구원을 받습니다.

당신은 구원받았습니까? 이 질문은 그리스도인은 당황하게 만듭니다. 당혹감의 이유는 정체성과 현실의 괴리 때문입니다. 그리스도인의 정체성은 하나님 나라의 백성입니다. 예수를 믿으며 하나님의 백성으로 살고자 노력합니다. 그러나 현실은 그렇지 않습니다. 여전히 숨기고 싶은 부끄러운 죄가 많습니다. 일상에서 죄 짓고 주일날 회개하기를 반복하며 삽니다. 신앙과 생활의 분열이 자신 있게 "나는 구원 받았습니다"라고 장담하기 힘들게 만듭니다. 그리고 구원을 확답하지 못하는 또 다른 더 큰 이유도 있습니다. 그것은 질문이 이상하기 때문입니다.

"당신은 구원 받았습니까"라는 질문은 과거형입니다. 과거 어

느 시점에 구원이 완료되었고 현재 구원의 상태인가를 묻고 있습니다. 그런데 구원을 과거로 표현할 수 있을까요? 과연 구원이 지난 어느 한 시점에 완성되나요? 빌립보서는 이렇게 말합니다.

> 그러므로 나의 사랑하는 자들아 너희가 나 있을 때뿐 아니라 더욱 지금 나 없을 때에도 항상 복종하여 두렵고 떨림으로 너희 구원을 이루라. (빌립보서 2장 12절)

바울 사도는 구원을 "이루라"고 말합니다. 두려움과 떨림으로 이루라고 말합니다. 구원은 자신 있게 확신하는 것이 아니라 조심스레 이루어 가는 것입니다. 구원은 한번 통과하고 마는 '문'이 아니라 평생 걸어가야 하는 '길'입니다.

구원은 하나님 나라 백성의 인생 여정 그 자체입니다. 예수는 하나님의 나라가 이 세상에 이뤄지는 구원을 말했습니다. 하나님 나라는 하나님의 선한 뜻에 따라 순종하며 살아가는 백성의 삶을 통해 이 땅에 이뤄지는 나라입니다. 그러므로 구원받은 자는 하나님 나라의 통치 원리인 정의와 평화와 생명을 내면에 이루고, 그에 따라 하나님의 다스림을 실천하며 살다가, 마지막 하나님 나라의 완성에 참여합니다.

구원은 과거, 현재, 미래를 통합하는 개념입니다. 구원은 과거인 동시에 현재이며 미래입니다. 구원은 이미 시작되었고, 지금

이루어지고 있고, 나중에 완성됩니다. 그러므로 구원은 “받았다”, “받고 있다”, “받을 것이다” 이렇게 세 시제 동사로 표현 가능합니다. 이제 구원의 세 시제를 살펴봅시다.

7. 과거형 구원

구원은 "받았다"라고 과거형으로 표현 가능합니다. 그런데 그 과거는 인간의 과거가 아니라 하나님의 과거입니다. 구원은 인간의 행동이 아니라 하나님의 행동이기 때문입니다. "받았다"는 "주었다"가 있어야 가능합니다. 인간이 구원을 받으려면, 그 전에 하나님께서 구원을 주셔야 합니다.

하나님께서 주시지 않은 구원을 인간이 받을 수는 없습니다. 구원은 받는 인간의 공로가 아니라 주시는 하나님의 은혜로 가능합니다. 하나님께서 구원의 은총을 베풀어 주셨기 때문에 인간이 구원을 받을 수 있습니다. 하나님은 어떻게 구원을 주셨나요?

> 하나님이 세상을 이처럼 사랑하사 독생자를 주셨으니 이는 그를 믿는 자마다 멸망하지 않고 영생을 얻게 하려 하심이라.
>
> (요한복음 3장 16절)

하나님께서는 독생자 예수를 주셨습니다. 예수를 통해 영생,

즉 구원이 가능합니다. 기독교의 구원은 예수이며, 예수를 통해서만 구원이 가능합니다. 그러므로 "구원 주셨다"는 말은 하나님께서 예수를 보내셨고, 예수의 십자가와 부활을 통해 이미 구원의 길을 여셨다는 말입니다. 인간은 예수를 믿고 그가 여신 구원의 길에 발을 내딛으며 "구원받았다"고 말할 수 있습니다. 인간이 구원의 길을 간다는 것은 자신이 죄인임을 깨닫고, 죄의 대가인 죽음의 형벌을 예수가 대속하였음을 믿음으로써 가능합니다.

1) 죄

"모든 인간은 죄인이다." 불신자는 이 말을 싫어합니다. 내가 왜 죄인이냐고 거칠게 반문합니다. 지금껏 다른 사람 해코지 한번 한 적 없이 나름 착하게 살려고 노력했는데 내가 왜 죄인이냐고 따집니다. 벌금을 내거나 교도소에 갈 만큼 큰 죄를 지은 적 없는데 왜 죄인이냐며 거부감을 갖습니다. 그러나 성경은 이렇게 말합니다.

> 모든 사람이 죄를 범하였으매 하나님의 영광에 이르지 못하더니. (로마서 3장 23절)

사도 바울은 모든 인간은 죄인이라고 선언합니다. 죄인인지 아닌지 판단하려면 기준이 필요한데, 불신자가 말하는 죄의 기준은 국가가 정한 법입니다. 국가의 법은 잠정적이어서 때때로 바뀝니다. 국가의 법은 상대적이어서 같은 행동이 어느 나라에서는 죄이지만 다른 나라에서는 죄가 아니고, 어느 시대에서는 죄이지만 다른 시대에서는 죄가 아닙니다. 또한 국가의 법은 허술해서 같은 행위도 어떤 변호사, 검사, 판사를 만나는가에 따라 죄가 되기도 하고 아니기도 합니다. "유전무죄 무전유죄"가 부인하기 어려운 슬픈 현실입니다.

성경이 말하는 죄의 기준은 하나님의 법입니다. 하나님의 선하신 뜻, 즉 사랑이 죄를 판단하는 기준입니다. 하나님과 이웃을 향한 사랑의 여부가 죄의 기준입니다. 그리고 사랑은 인간 내면의 문제이기에 행위 이전의 의도와 원인과 관련이 있습니다.

하나님 기준의 죄는 인간의 속성입니다. 범죄 행위 이전에 원인이 되는 죄인의 속성이 존재합니다. 장난감 자동차를 예로 듭시다. 뒤로 당겼다 놓으면 앞으로 가는 장난감 자동차가 있는데 고장 나서 차축이 휘었습니다. 그러면 아무리 직선으로 가고 싶어도 한쪽으로 휘어져 갈 수밖에 없습니다. 인간도 마찬가지입니다. 모든 인간이 죄인이라는 말은 모든 인간은 죄의 속성을 가지고 있다는 말입니다. 그 속성은 이기심이며, 그 결과는 세 가지 우상숭배로 나타납니다.

첫 번째는 자기 우상숭배, 즉 자기중심적 경향성입니다. 아기를 예로 듭시다. 아기가 배가 고파 울면서 엄마 젖을 찾습니다. 그런데 엄마는 젖몸살이 나서 누가 가슴을 만지면 매우 아픕니다. 그런데도 아기는 떼를 쓰며 엄마의 아픈 가슴을 더듬습니다. 아기는 엄마의 사정을 알 길이 없습니다. 인간은 본래 자기 고통에는 민감하지만 타인의 아픔에는 무감하거나 둔감합니다. 인간은 근본적으로 이기적인 존재입니다. 애초에 그렇게 태어났습니다. 기독교에서 원죄라고 부르는 최초 인간의 범죄를 보면 근원적인 자기중심성이 나타납니다.

> 뱀이 여자에게 이르되 너희가 결코 죽지 아니하리라 너희가 그것을 먹는 날에는 너희 눈이 밝아져 하나님과 같이 되어 선악을 알 줄 하나님이 아심이니라. (창세기 3장 4-5절)

> 여호와 하나님이 이르시되 보라 이 사람이 선악을 아는 일에 우리 중 하나같이 되었으니 그가 그의 손을 들어 생명나무 열매도 따먹고 영생할까 하노라 하시고 여호와 하나님이 에덴동산에서 그를 내보내어 그의 근원이 된 땅을 갈게 하시니라. (창세기 3장 22-23절)

아담과 하와는 하나님과 같이 되어 선악을 알고자 하는 욕망

때문에 금지된 과일을 먹었습니다. 그들이 에덴에서 쫓겨난 이유도 선악의 판단을 하나님께 맡기지 않고 스스로 하려고 했기 때문입니다. 가치 판단의 기준을 객관적으로 외부가 아닌 주관적으로 자기 내부에 두려고 했다는 뜻입니다. 하나님께서 선이라고 하신 것을 선으로 받아들이고 악이라고 하신 것을 악으로 받아들이지 않고, 자기의 느낌과 생각을 기준으로 스스로 선악을 판단하려고 했습니다. 선악을 스스로 판단하려고 한 인간은 결국 어떤 행동을 하나요?

> 아벨은 자기도 양의 첫 새끼와 그 기름으로 드렸더니 여호와께서 아벨과 그의 제물은 받으셨으나 가인과 그의 제물은 받지 아니하신지라 가인이 몹시 분하여 안색이 변하니 … 가인이 그의 아우 아벨에게 말하고 그들이 들에 있을 때에 가인이 그의 아우 아벨을 쳐 죽이니라. (창세기 4장 4-8절)

선과 악을 스스로 판단한 결과는 약자 살인입니다. 가인이 아벨을 죽인 이유는 자기 기대대로 되지 않았기 때문입니다. 자기 기대대로라면 하나님께서 자기 제사를 받으셨어야 했습니다. 그런데 어떤 이유에서인지 그렇게 되지 않았습니다. 자기 기준대로라면 자기 제사가 선이었는데, 하나님께서는 동생 아벨의 제사를 받으셨습니다. 자기 기준대로 세상이 돌아가지 않는다고

느낄 때 나타나는 감정은 분노입니다. 그리고 분노의 결과는 타인과의 비교에서 오는 시기와 질투, 그리고 결국 약자를 향한 폭력과 살인입니다. 그래서 가인은 자기보다 약자인 동생 아벨을 죽였습니다.

두 번째 죄의 결과는 탐욕이라는 우상숭배입니다. 하나님 없는 인생의 결국은 공허와 불안입니다. 하나님을 내쫓고 그 자리에 자기 자신을 세운 자는 하나님의 빈자리를 느끼며 공허감에 몸부림칩니다. 하나님의 부재를 가장 크게 느낄 때는 미래를 알지 못하는 불안이 엄습할 때입니다. 인간은 한 치 앞 미래도 알지 못합니다. 하나님께 맡겨야 할 미래를 인간 스스로는 통제할 수 없으니 불안할 수밖에 없습니다.

인간이 알지 못하는 가장 중요한 미래는 죽음과 그 이후입니다. 인간은 언제 죽을지, 그리고 그 다음에 어떻게 되는지 전혀 모르기에 불안합니다. 하나님이 부재한 인생은 공허와 불안을 피조물로 해소하려고 합니다. 하나님 아닌 것으로 하나님의 빈자리를 채우려는 것이 탐욕입니다. 피조물로는 창조주의 부재를 해결하지 못합니다. 영원하고 충만하신 하나님의 공석을 일시적이고 잠정적인 피조물로 채우려고 하니 아무리 채워도 만족감을 느끼지 못합니다. 그래서 물질에 대한 탐욕은 끝이 없습니다. '조금만 더'를 반복합니다.

하나님께서 지으신 세상은 그 자체로 완전합니다. 옥수수 한

알이 땅에 떨어져 잘 자라서 한 그루의 옥수수나무를 이루었다면, 거기에는 수백 개의 알갱이가 달린 십여 개의 옥수수가 열립니다. 한 개의 알갱이가 수천 개의 알갱이를 낳게 됩니다. 자연 상태 그대로 큰 수확이 생깁니다. 자연의 산물은 공정하게 분배된다면 모든 사람의 필요를 채울 수 있습니다. 그런데 현실은 그렇지 않습니다. 왜 그럴까요? 하나님 없는 불안으로 인한 탐욕 때문입니다.

열 사람이 매일 열 개의 빵을 받는다고 가정합시다. 한 사람이 하루에 한 개의 빵으로 배부를 수 있다면, 각자 한 개의 빵을 먹고 모두의 필요를 충족시킬 수 있습니다. 내일은 또 열 개의 빵이 있으리라는 믿음이 있다면 불안해할 필요가 없습니다. 그런데 만일 어떤 사람이 빵을 공급하는 존재를 신뢰하지 못해서 '내일은 빵이 없을지 모른다'는 불안감에 휩싸여 두 개의 빵을 가졌다면, 반드시 누군가는 빵을 갖지 못합니다. 그리고 빵을 갖지 못한 사람은 두 개 가져간 사람보다 약자일 가능성이 높습니다. 결국 하나님 없이 탐욕을 숭배하는 세상에서는 약자들이 고통을 당하게 됩니다.

세 번째 죄의 결과는 교만이라는 우상숭배입니다. 에덴에서 쫓겨난 자의 후손은 문명을 발전시켰습니다. 가인은 성을 쌓았고, 야발은 목축을 시작했으며, 유발은 악기를 연주했고, 두발가인은 대장장이가 되었습니다(창 4:17-22). 기술의 발전은 결국 하

나님을 향한 도전으로 나타났습니다.

> 서로 말하되 자, 벽돌을 만들어 견고히 굽자 하고 이에 벽돌로 돌을 대신하며 역청으로 진흙을 대신하고 또 말하되 자, 성읍과 탑을 건설하여 그 탑 꼭대기를 하늘에 닿게 하여 우리 이름을 내고 온 지면에 흩어짐을 면하자 하였더니.
>
> (창세기 11장 3-4절)

문명의 발달은 결국 하나님께서 지으신 자연에 대한 모방입니다. 인간이 구운 벽돌은 하나님께서 지으신 자연 상태의 돌을 대신하고, 인간이 퍼 올린 역청은 하나님께서 지으신 자연 상태의 진흙을 대신했습니다. 그 벽돌과 역청으로 인간은 탑을 쌓아 하나님 계신 하늘까지 닿게 하려고 했습니다. 그렇게 해서 자기들의 이름을 높이려고 했습니다. 하나님을 흉내 내어 하나님처럼 되고자 노력했지만 결국 하나님의 징계를 통해 그 도전은 실패로 돌아갔습니다.

인간은 법으로 죄성을 억제하려고 합니다. 함께 사는 사회에서 각자 자기 하고 싶은 대로 살면 세상이 망가지기 때문에 규칙을 만들었습니다. 그런데 인간은 죄성을 억제하기 원치 않고 계속 탐욕을 추구하고 싶어 합니다. 권력이 없는 자는 법에 눌려 어쩔 수 없이 탐욕을 억제하지만, 권력이 있는 자는 법을 만들고

고치고 집행하고 재판할 수 있기에 법을 교묘하게 통제해서 자기의 욕망을 추구하고 약자를 착취하고 억압합니다.

이런 현상은 국가 간에도 나타납니다. 힘 있는 국가는 우월한 군사력과 경제력을 앞세워 힘없는 국가를 침략하고 제압합니다. 약한 국가는 식민지가 되고 그 백성들은 노예가 됩니다. 법에 의해 통제되지 않는 인간의 죄성은 결국 제국을 탄생시킵니다. 그래서 성경에는 많은 제국이 등장합니다. 히브리 노예를 억압했던 이집트, 북이스라엘을 멸망시킨 앗시리아, 남유다를 포로로 잡아간 바벨론, 그 후에 등장한 페르시아와 헬라, 예수와 초대교회 시대의 로마가 바로 제국입니다. 성경은 일관되게 제국을 죄악 권세로 묘사하고 있습니다.

인간은 본래 누군가의 밑에서 명령에 따르기보다는 위에서 군림하기를 원합니다. 남들보다 윗자리에 있고자 노력하고, 을이 아닌 갑이 되려고 명문고, 명문대, 대기업을 지향합니다. '내 위에 아무도 없으면 좋겠다'는 생각이 하나님을 내쫓았고, 그 자리를 타인에게 빼앗기지 않고 자기가 타인의 윗자리를 차지하고자 노력합니다. 이것이 바로 죄의 결과인 교만, 우상숭배입니다.

2) 죽음

모든 인간은 죄인입니다. 본성이 이기적인 인간은 하나님을

내쫓고 그 자리에 자기의 탐욕과 교만을 올려놓고 우상숭배를 합니다. 그 결과 세상은 망가지고, 약자는 통곡하고, 자기 자신을 파멸로 이끕니다. 인간의 죄성을 방치하면 결국 어떻게 되나요?

첫째로, 피해자를 낳습니다. 마음속의 죄는 생각에 머물지 않고, 교만과 탐욕은 언젠가는 반드시 언어나 행동으로 표출되어 부정적인 결과를 낳습니다. 누군가에게 상처를 입히는데 그 희생자는 약자일 가능성이 높습니다.

힘이 큰 자의 범죄일수록 피해도 큽니다. 기업이 범죄하면 수많은 사람이 고통당하고, 국가가 범죄하면 대를 이어 역사적인 고통의 기록을 남깁니다. 강자의 범죄일수록 교묘해서, 법을 조작하여 죄가 아닌 것처럼 보이게 범죄하고, 그 결과 법에 호소할 수 없는 억울한 희생자가 발생합니다.

교회가 범죄하면 사태는 더 심각합니다. 나쁜 목사는 신학과 성경을 악용해서 자기의 범죄를 하나님의 뜻을 빙자하고 합리화합니다. 교만과 탐욕에 찌든 악한 교회 지도자의 악한 결정은 순진한 교인을 피해자로, 나아가 공범자로 만듭니다.

둘째로, 하나님의 징계를 받습니다. 하나님께서는 이웃에게 해를 끼친 자에게 대가를 치르게 하십니다. 약자를 보호하기 위해 죄의 책임을 물으시고, 죄악이 반복되어 다시금 무고한 피가 흐르지 않도록 각성하게 징계하십니다.

기독교의 사랑은 정의를 배제하지 않고, 하나님의 용서는 죄의 대가를 포함합니다. 하나님께서는 범죄한 북이스라엘과 남유다를 멸망시키셨고 포로로 만드셨습니다. 정의를 세워서 징계와 처벌을 통해 무엇이 옳고 무엇이 그른지를 보여 주셨습니다.

하나님께서는 징계를 통해 죄인이 깨닫고 회개하게 하십니다. 사사기를 보면 외적을 통해 이스라엘을 징계하셨고 부르짖게 하셨고 사사를 보내어 구원하셨습니다. 회개와 회복을 위한 하나님의 회초리는 사랑의 매입니다.

끝으로 죄인은 죽음의 처벌을 받습니다. 인간이 정한 법에는 죄의 경중에 따라 다양한 처벌이 있지만, 거룩하신 하나님의 눈으로 보면 큰 죄나 작은 죄나 모두 같은 죄입니다. 아무리 작은 죄라 할지라도 그로 인해 나타나는 피해는 막대할 수 있기 때문에, 죄의 크고 작음은 차이가 없습니다. 영화 〈올드보이〉에 등장하는 명대사가 있습니다. "명심하세요. 모래알이든 바윗돌이든 물에 가라앉는 건 똑같아요." 그래서 죄악의 유일한 징계는 사형입니다.

> 죄의 삯은 사망이요 하나님의 은사는 그리스도 예수 우리 주 안에 있는 영생이니라. (로마서 6장 23절)

죄악의 결과는 죽음입니다. 여기서 죽음은 영혼의 죽음입니

다. 육체뿐만 아니라 정신과 영혼을 죽이는 총체적인 죽음입니다. 하나님 없이 살려고 하나님을 죽이고 교묘한 범죄로 연약한 이웃의 영, 육, 혼을 죽게 한 죄인에 대한 처벌 또한 죽음입니다. 하나님의 가혹한 징계가 아니라 죄인 스스로 자초한 죽음입니다.

3) 대속

모든 인간이 죄인입니다. 모든 인간은 죄를 범했고 결국 죽음의 징계를 받아야 합니다. 그런데 어떻게 구원이 가능한가요? 인간은 어떻게 죽음의 형벌을 피하고 구원을 얻을 수 있나요?

> 그리스도께서 하나님 곧 우리 아버지의 뜻을 따라 이 악한 세대에서 우리를 건지시려고 우리 죄를 대속하기 위하여 자기 몸을 주셨으니 영광이 그에게 세세토록 있을지어다 아멘.
>
> (갈라디아서 1장 4-5절)

예수의 대속으로 가능합니다. 예수가 십자가에 못 박혀 죽음으로써 그 보혈로 만민의 죄를 대신 씻어 구원하였기에 가능합니다. 예수가 죄를 대신 지고 속죄하기 위해 죽은 사건이 왜 모든 인간의 죄를 용서하는 대속이 되나요? 대속의 단계를 살펴

봅시다.

먼저, 대속에는 제물이 필요합니다. 죄인은 반드시 죽어야 하는데, 하나님께서는 구약 제사법을 통해 죄인이 제물을 바치면 제물이 그의 죽음 형벌을 대신할 수 있게 했습니다. 죄인 대신 죽을 제물이 있으면 대속이 가능합니다.

이미 하나님께서는 아담이 범한 죄악으로 인한 수치를 가려주려고 동물을 죽여 가죽 옷을 지어 입히셨습니다(창 3:21). 아브라함이 하나님의 명령에 순종해서 아들 이삭을 죽여 바치려 할 때, 하나님께서는 양을 예비하시어 대신 죽게 하시고 이삭을 살리셨습니다(창 22:13). 첫 유월절 날 이스라엘 백성은 어린 양을 죽여 그 피를 문설주에 바름으로써 장자가 죽지 않고 출애굽 할 수 있었습니다(출 12:23).

구약의 율법을 보면 흠 없는 짐승을 제물을 바쳐 제사를 지내어 죄를 회개하게 했습니다. 혹시 반려동물을 키우시나요? 가장 아끼고 사랑하는 동물이 내 죄 때문에 처참하게 죽어가는 장면을 똑똑히 목격해야 한다고 상상해 보십시오. 끔찍하지 않겠습니까? 다시는 죄짓지 않으리라 다짐하겠지요? 그러나 얼마 못 갑니다. 곧 다시 죄짓고 다른 동물을 제물로 바치기를 반복합니다. 그래서 하나님께서는 희생 제사를 단번에 끝내기로 작정하셨습니다.

그리고 영원한 대속의 희생 제사를 위해서 십자가가 필요했

습니다. 예수는 십자가에서 제물이 되었는데, 왜 하필 로마 형틀인 십자가에서 죽어야 했을까요? 로마는 인류 역사상 가장 대표적인 제국입니다. 로마 시대 이후의 제국들은 다들 로마를 흉내 냈습니다. 말씀드린 대로 제국은 죄악의 상징입니다.

인간의 탐욕과 교만의 극치를 상징하는 로마 시대에 예수는 죄인 바라바 대신 십자가에서 죽었습니다. 예수는 십자가에서 자기를 죽이라고 소리치는 죄인과 자기를 못박은 죄인을 하나님께서 용서해 주시기를 간구했고(눅 23:34) 곁에 매달린 죄인이 함께 낙원에 갈 수 있게 구원을 베풀었습니다(눅 23:43). 십자가의 희생을 통해 용서와 구원이 이뤄졌습니다.

마지막으로, 대속은 보혈로 가능합니다. 예수가 십자가에서 흘린 피로 인류는 구원을 얻습니다. 예수는 유월절 어린양이며, 죄인을 용서하는 영원한 제물입니다. 원래 죄인이 죽어야 했으나 예수가 대신 죽었습니다. 원래는 죄인이 피 흘려야 했으나 예수가 대신 피 흘렸습니다.

그리스도인은 이 보혈을 성찬으로 경험합니다. 성찬의 떡을 먹을 때마다 죄인 대신 찢긴 예수의 몸을 기억하고, 포도주를 마실 때마다 죄인 대신 흘린 예수의 피를 기념합니다. 예수의 몸과 피를 먹고 마심으로써 예수의 몸이 되고, 교회가 됩니다.

4) 믿음

예수는 2천 년 전에 죽었습니다. 그런데 그의 대속의 죽음이 어떻게 지금 우리에게도 영향을 끼칠 수 있을까요? 예수의 보혈이 지금 우리를 위한 구원의 피가 되기 위해서는 무엇이 필요하나요? 믿음이 필요합니다.

> 주 예수를 믿으라 그리하면 너와 네 집이 구원을 받으리라.
>
> (사도행전 16장 31절)

믿음은 예수가 전한 하나님 나라 복음을 믿는 것이며, 하나님 나라 백성이 되기로 하는 다짐입니다. 하나님 나라를 사는 자는 예수가 죽은 의미를 자신에게 적용시켜서 예수의 죽음이 자기의 죄를 대속하는 죽음임을 믿습니다. 예수의 죽음은 구약 제사와 유사한 단계를 거칩니다.

첫 번째 단계는 전가입니다. 전가는 잘못이나 책임을 다른 사람에게 넘겨씌우는 것을 의미합니다. 구약시대에는 안수하면 죄인의 죄가 동물에게 전가된다고 믿었습니다. 안수를 통해 죄를 전가한 후 제물이 죄인 대신 죽음으로써 죄인은 용서받게 됩니다.

그는 번제물의 머리에 안수할지니 그를 위하여 기쁘게 받으심이 되어 그를 위하여 속죄가 될 것이라. (레위기 1장 4절)

옛 언약의 제사에서는 먼저 제물이 죄인의 죄를 넘겨받고 그 후에 제물이 죽었습니다. 그러나 새 언약의 제사에서는 먼저 제물 예수가 죽고 그 후에 죄인이 예수의 죽음이 자기를 대속을 위함이었음을 깨닫고 믿음으로 죄의 전가가 일어납니다. 예수를 믿음으로써 우리의 죄가 전가되어 그의 죽음이 우리의 죄를 용서하는 제사가 됩니다.

대속의 두 번째 단계는 회개입니다. 회개함으로써 예수 십자가의 보혈로 용서를 받을 수 있습니다. 예수 십자가의 죽음이 자신의 죄를 용서하기 위한 것이었음을 깨달은 자는 통회하는 심령으로 회개하게 됩니다. 바울은 유대인과 이방인에게 회개를 선포했습니다.

먼저 다메섹과 예루살렘에 있는 사람과 유대 온 땅과 이방인에게까지 회개하고 하나님께로 돌아와서 회개에 합당한 일을 하라 전하므로. (사도행전 26장 20절)

예수는 우리의 죄를 용서하기 위한 제물이었습니다. 십자가는 우리의 죄를 대속하기 위한 제사였습니다. 이것을 깨달은 자는

진심으로 회개하고 그에 합당한 삶을 살게 됩니다. 다시는 죄악 세상의 길을 따라 가지 않고 하나님 나라를 향해 가는 삶을 살기로 다짐하고 실천합니다.

세 번째 단계는 거듭남입니다. 회개하고 죄사함을 받은 자는 거듭남으로써 구원받습니다. 바리새인이며 유대인의 지도자인 니고데모가 예수를 찾아왔을 때, 예수는 니고데모에게 구원의 방법을 이렇게 말했습니다.

> 예수께서 대답하여 이르시되 진실로 진실로 네게 이르노니 사람이 거듭나지 아니하면 하나님의 나라를 볼 수 없느니라 니고데모가 이르되 사람이 늙으면 어떻게 날 수 있사옵나이까 두 번째 모태에 들어갔다가 날 수 있사옵나이까 예수께서 대답하시되 진실로 진실로 네게 이르노니 사람이 물과 성령으로 나지 아니하면 하나님의 나라에 들어갈 수 없느니라.
>
> (요한복음 3장 3-5절)

거듭남 즉 중생은 세례와 성령으로 가능합니다. 이집트의 노예가 홍해를 건너 하나님 나라 백성으로 거듭났듯이, 인간은 회개하고 세례받음과 성령강림을 통해 하나님 나라의 백성이 됩니다. 세례와 성령을 통해 예수 그리스도의 몸 된 공동체인 교회의 일원이 됨으로 구원을 받을 수 있습니다.

결국 "구원받았다"는 과거형 구원은 예수를 통해 구원의 길이 열린 그 길에 발을 내딛었다는 뜻입니다. 자신이 죄인임을 알고, 예수 십자가의 죽음이 자신의 죄를 대속하기 위한 제사였음을 깨닫고 회개하고 세례를 받고 교회 공동체의 삶을 살고 있다면 우리는 "나는 구원받았다"고 말할 수 있습니다. 구원의 여정은 그렇게 시작됩니다.

8. 현재 진행형 구원

앞에서 과거형 구원, 구원 "받았다"라는 말의 의미를 살펴보았습니다. 구원은 하나님께서 주셔야 인간이 받을 수 있기에, 하나님께서 2천 년 전에 예수를 보내 주셨고 예수가 십자가에서 인류의 죄를 대속하여 죽고 부활함으로 구원이 이미 이루어졌음을 알아보았습니다. 우리는 예수 십자가의 보혈이 나의 죄를 씻는 희생 제사였음을 믿음으로써 구원의 여정에 첫발을 내딛는다는 것을 살펴보았습니다.

이제 현재 진행형 구원에 대해 알아봅시다. 구원 "받고 있다"는 말도 가능한가요? 구원이 현재 진행 중이라는 말은 무슨 뜻일까요? 지금 이루어지고 있는 구원은 무엇인가요? 모든 일에는 시작이 있으면 이후 과정이 있기 마련입니다. 구원도 마찬가지입니다. 구원의 길을 떠난 사람은 그 길을 걸어가게 됩니다.

> 주께서 나를 모든 악한 일에서 건져내시고 또 그의 천국에 들어가도록 구원하시리니 그에게 영광이 세세무궁토록 있을지어다 아멘. (디모데후서 4장 18절)

바울은 디모데와 그가 섬기는 에베소 교회에게 축복하며 "건져내시고 또 … 구원하시리니"라는 표현을 사용했습니다. 여기에 건져냄과 구원의 과정이 담겨있습니다. 세례받고 이미 교회 공동체의 일원이 된 디모데와 그의 교우가 앞으로 계속 구원의 과정을 밟아 간다는 말입니다. 이것이 바로 현재형 구원입니다.

진행 중인 구원은 구체적으로 무엇일까요? 결론부터 말씀드리면, 그것은 교회의 구성원으로서 기도와 말씀과 교제와 선교의 삶을 살아가는 과정을 뜻합니다. 그리고 이 과정은 인간의 생존과 성장에 필수적인 네 가지 요소와 상응합니다.

사람이 살아가는 데 필수 요소는 무엇일까요? 첫째 호흡입니다. 숨을 쉬어야 생존할 수 있습니다. 둘째 양식입니다. 먹어야 살 수 있습니다. 셋째 가족입니다. 인간은 홀로 태어날 수 없으며 가정에서 보호와 공급을 받아야 합니다. 넷째 직업입니다. 할 일 없는 인생은 허무하기에 모든 인간은 해야 할 일을 하며 삶의 의미와 가치를 발견합니다.

이 네 가지를 그리스도인의 신앙 성장과 연결시켜 봅시다. 첫째, 호흡은 기도입니다. 기도는 하나님과의 소통과 교제로서 신앙의 필수 요소입니다. 둘째, 양식은 말씀입니다. 그리스도인은 말씀을 먹어야 살 수 있습니다. 셋째, 가족은 교제입니다. 교회 공동체에서 믿음의 동지들과 영적 우정을 나눠야 합니다. 넷째, 직업은 선교입니다. 모든 그리스도인은 선교의 사명을 받았습니

다. 이제 이 네 가지를 하나씩 살펴봅시다.

1) 기도

기도란 무엇인가요? 기도는 하나님과의 소통입니다. 기도로 하나님과 소통하면 불안과 불만이 사라지고 하나님의 평강이 예수 그리스도 안에서 기도자의 마음과 생각을 지켜줍니다(빌 4:6). 기도는 하나님과의 깊은 사귐이며 친밀한 교제입니다. 눈에 보이지 않지만 존재하시는 하나님을 체험하는 시간이 기도하는 시간입니다.

하나님과의 소통은 끊임이 없어야 합니다. 인간의 들숨과 날숨은 무의식적으로 계속 이뤄집니다. 이처럼 기도를 정해진 시간과 장소와 상황에서 할 뿐만 아니라 그 외의 시간에도 항상 하나님의 임재 가운데 머무른다면 그는 성숙한 기도자입니다. 기도로 나의 소망을 아뢰되 하나님의 계획에 몸을 내맡겨야 합니다. 마치 예수의 겟세마네 기도처럼 나의 뜻이 아닌 하나님의 뜻이 이뤄지도록 기도해야 합니다.

> 이르시되 아빠 아버지여 아버지께는 모든 것이 가능하오니 이 잔을 내게서 옮기시옵소서 그러나 나의 원대로 마시옵고 아버지의 원대로 하옵소서 하시고. (마가복음 14장 36절)

그렇다면 무엇을 기도할까요? 기도에 담길 내용은 무엇인가요? 건강 회복, 사업 성공, 대학 합격, 취직 진급, 문제 해결, 소원 성취, 이런 것들이 기도의 내용으로 충분할까요? 아닙니다. 기도자가 간절히 기도할 바는 감사와 회개와 소원입니다. 그리고 그것들은 각각 과거와 현재와 미래, 그리고 하나님과 자기와 이웃과 관련 있습니다.

먼저, 감사 기도는 어떻게 해야 할까요? 감사는 과거와 관련 있습니다. 어떤 사람은, 지금 구하는 것이 미래에 이뤄질 것을 믿고 미리 감사 기도를 드린다고 합니다. 믿음은 갸륵하지만 가불 감사는 은근한 위협처럼 보입니다. 이뤄 주실 줄로 알고 하나님께 감사까지 미리 드렸으니 꼭 응답해야 한다는 압박 같아 보여 불편합니다. 본디 감사는 지나간 일에 대해 합니다. 되돌아보니 하나님의 은혜가 너무도 커서 감격하여 드리는 기도가 감사 기도입니다.

감사드릴 대상은 하나님입니다. 하나님께서 베풀어 주신 은총과 자비에 감사합니다. 사실 일상이 은혜입니다. 인간에게 가장 큰 고통은 일상의 붕괴입니다. 예상치 못한 사건과 사고가 발생하면 당황하고 힘들어 합니다. 그러므로 별 탈 없는 평범한 나날이야 말로 가장 크게 감사드릴 소재입니다. 병을 치료해 주시는 은혜보다 병에 걸리지 않게 하신 은혜가 더 큰 감사 주제입니다. 감사는 기도 중 제일 먼저 드릴 기도입니다. 어제 일을 감사

해야 오늘과 내일도 감사할 수 있기 때문입니다.

두 번째, 회개 기도는 어떻게 해야 할까요? 회개는 현재에 대한 것입니다. 인간은 기도하는 그 순간에도 죄인입니다. 회개를 과거에만 국한하면 마치 어제만 죄인이고 오늘은 아닌 냥 착각하기 쉽습니다. 당연히 지난 과오를 회개해야 하지만, 우리는 항상 잘못하기에 또 회개해야 합니다. 인간에게 죄는 항상 현재 진행형입니다. 매 순간 죄인입니다.

회개의 대상은 자기 자신입니다. 인간에게는 하나님 앞에서 떳떳이 자랑할 만한 게 없습니다. 지나친 자기 비하는 문제겠지만, 기본적으로 "난 꽤 괜찮은 사람인 것 같다"는 생각 자체가 위험한 자만일 수 있습니다. "회개할 것 없다"는 생각만큼 큰 죄는 없습니다. 알고 지은 죄와 모르고 지은 죄, 행동으로 지은 죄와 생각으로 지은 죄가 모두 회갯거리입니다.

끝으로, 소원 기도는 어떻게 해야 할까요? 소원은 미래에 대한 것입니다. 인간에게 미래는 하나님의 영역입니다. "노력해서 스스로 미래를 개척할 수 있다"는 생각은 사실 엄청난 착각입니다. 인생은 예기치 못한 일의 반복입니다. 하나님께서 주시지 않는 것을 인간이 얻을 수는 없습니다. 소원 기도는 공급하시는 하나님에 대한 신앙고백입니다. "주시옵소서"는 부끄러운 기도가 아닙니다. "주시옵소서"로만 가득 찬 기도가 부끄러운 기도입니다.

소원의 대상은 이웃입니다. 물론 자기 요청을 하나님께 아뢸 수 있습니다. 그러나 이웃을 잊어서는 안 됩니다. 자기 문제에만 몰입해서 타인을 위한 기도를 소홀히 하지 말아야 합니다. 열 명이 각자 자기 문제만 놓고 기도한다면, 자기를 위해 기도하는 사람은 본인 한 사람뿐입니다. 하지만 열 명이 모두 서로를 위해 기도한다면, 자기를 위해 기도하는 사람은 본인을 제외한 아홉 명입니다. 물론 기도를 양으로 환산할 수는 없지만, 하나님께서는 이웃을 위한 중보의 기도를 기쁘게 받으십니다.

구원의 여정에서 기도는 필수입니다. 기도는 호흡입니다. 숨을 멈추면 죽듯이 기도를 멈추면 위험합니다. 어제 일을 하나님께 감사드리고, 오늘 부끄러운 스스로의 모습을 회개하고, 내일도 하나님의 은혜가 고통받는 이웃에게 나타나도록 기도해야 합니다.

2) 말씀

사람에게 먹는 것은 중요합니다. 생명과 직결되기에, 의식주 중에 제일 중요한 건 "식"인 것 같습니다. 좋은 음식을 먹으면 건강한 몸이 되고, 나쁜 음식을 먹으면 병든 몸이 되고 맙니다. 특히 요즘에는 환경 문제가 심각해서 신뢰할 수 있는 먹거리에 대한 관심이 높아지고 있습니다.

인간에게 필요한 많은 에너지가 음식을 통해 공급됩니다. 그런데 그것으로 충분한가요? 아닙니다. 일찍이 예수는 음식 외에도 사람에게 필요한 중요한 것이 있다고 가르쳤습니다. 그 말씀을 하며 신명기의 구절을 인용했습니다.

> 예수께서 대답하여 이르시되 기록되었으되 사람이 떡으로만 살 것이 아니요 하나님의 입으로부터 나오는 모든 말씀으로 살 것이라 하였느니라 하시니. (마태복음 4장 4절)

> 너를 낮추시며 너를 주리게 하시며 또 너도 알지 못하며 네 조상들도 알지 못하던 만나를 네게 먹이신 것은 사람이 떡으로만 사는 것이 아니요 여호와의 입에서 나오는 모든 말씀으로 사는 줄을 네가 알게 하려 하심이니라. (신명기 8장 3절)

신명기 본문에 만나가 등장합니다. 만나는 출애굽한 광야의 백성이 먹었던 음식입니다. 하나님께서 내려 주신 먹거리, 만나는 단순한 떡이 아닙니다. 만나를 먹는 방법이 사실 더 중요합니다. 한 오멜만 거두라고, 내일을 위해 식량을 미리 많이 모아 저장하지 말라고, 안식일에는 거두지 말라고 말씀하셨습니다. 만나는 평범한 음식이 아니라 이기심을 접고, 미래에 대한 불안을 내려놓고, 온전히 예배하라는 가르침이 담긴 음식이었습니다.

예수는 광야에서 만나의 의미를 기억하고, 말씀은 잊어버리고 떡에만 집중하라고 유혹하는 사탄을 물리쳤습니다.

말씀이란 무엇인가요? 구약시대 예언자는 하나님의 말씀을 직접 음성으로 받았고 선포했고 기록했습니다. 신약시대에 와서 말씀은 성경으로 등장합니다. 하나님의 말씀인 성경이란 무엇이며 어떤 목적을 갖고 기록되었나요?

> 성경은 능히 너로 하여금 그리스도 예수 안에 있는 믿음으로 말미암아 구원에 이르는 지혜가 있게 하느니라 모든 성경은 하나님의 감동으로 된 것으로 교훈과 책망과 바르게 함과 의로 교육하기에 유익하니 이는 하나님의 사람으로 온전하게 하며 모든 선한 일을 행할 능력을 갖추게 하려 함이라.
>
> (디모데후서 3장 15-17절)

바울 사도는 성경의 세 가지 목적을 말합니다. 독자가 "구원에 이르는 지혜"를 갖기를, "하나님의 사람으로 온전"해지기를, "선한 일을 행할 능력"을 갖기를 기대하며 성경은 기록되었습니다. 이 점에서 음식과 비슷합니다. 건전한 식생활은 사람의 육체를 지혜롭게, 온전하게, 능력 있게 만들어 줍니다. 성경 말씀은 육체와 영혼을 지혜롭게, 온전하게, 능력 있게 합니다. 그런 의미에서 말씀은 그리스도인의 양식입니다. 그리스도인은 말씀을 통

해 영적 건강을 지킬 수 있습니다. 그렇다면 성경을 어떻게 읽어야 할까요?

첫째, 성경을 실제로 읽어야 합니다. 어떻게 성경을 읽느냐에 앞서 더 중요한 것은 '읽는 것 그 자체'입니다. 상당수 기독교인은 성경을 잘 알지 못합니다. 어릴 때부터 교회를 다닌 사람은 주일학교에서 어린이 성경 동화를 들은 기억을 가지고 있는데, 그게 성경에 대해 아는 전부인 경우가 많습니다. 실제로 본문이 어떻게 쓰여 있는지 알지 못한 채 신앙생활을 합니다. 여기저기서 주워들은 풍월이 성경 지식의 전부입니다. 그러니 신앙의 깊이가 깊을 리 없습니다. 신앙의 근육이 약해서 쉽게 다치고 병듭니다. 자기 눈으로 직접 성경을 읽어야 합니다.

성경을 읽는 두 가지 방법이 있습니다. 그것은 정독과 통독입니다. 정독은 짧은 본문을 깊게 읽기입니다. 하나님의 말씀은 심오합니다. 매일 몇 단락 이내의 본문을 꼭꼭 곱씹어 가며 그 의미를 헤아려 묵상하면 유익합니다. 기억에 남는 문장을 암송해도 좋습니다. 큐티 잡지를 통해 도움을 받을 수 있습니다.

통독은 긴 본문을 넓게 읽기입니다. 성경은 맥락이 중요합니다. 성경은 66권의 단순한 합본이 아니라 하나님의 구원이라는 하나의 메시지가 면면히 흐르는 한 권의 책입니다. 앞서 예수의 믿음 알기에서 살펴보았듯이, 성경 66권은 창조, 타락, 구속, 완성의 흐름으로 연결됩니다. 그중 구원이 가장 분량을 많이 차지

합니다. 그래서 위 디모데후서 본문에서 성경의 목적을 말할 때 "구원에 이르는 지혜"가 가장 먼저 등장합니다. 자세한 세부사항보다는 전체적인 메시지의 흐름에 유념하며 빨리 읽기를 추천합니다. 정독과 통독을 통해 말씀의 양식을 먹을 수 있습니다.

둘째, 설교를 들어야 합니다. 놀라운 이야기부터 말씀드립니다. 설교는 하나님의 말씀이 아닙니다. 뚱딴지같은 소리로 들리겠지만 사실입니다. 하나님 말씀은 성경이고, 설교는 성경 말씀을 공동체에 '선포'하는 행위입니다. 공동체 예배를 위하여 성경을 관찰, 해석, 적용하여 전달하는 작업이 설교입니다.

설교는 설교자의 말입니다. 신뢰할 수 있는 설교자는 교회 공동체를 향해 주시는 하나님의 말씀이 담긴 본문을 면밀히 읽고, 그 의미를 정리하고, 삶 속에서 실천할 방도를 찾아 선포합니다. 그럼에도 불구하고 설교에는 설교자 개인의 인간적인 요소가 많이 개입할 수밖에 없습니다. 그러므로 설교를 들을 때는 이를 감안하고 들어야 합니다.

설교는 회중 개인의 의지와 취향을 고려하지 않고 선포됩니다. 성경 읽기는 읽는 이의 주관성이 개입될 여지가 크지만 설교는 그렇지 않습니다. 그러므로 설교를 들을 때는 열린 마음가짐이 필요합니다. "말씀하옵소서 듣겠나이다" 하는 수용의 자세가 필요합니다. 종종 이런 순전한 자세를 악용하는 거짓 설교자들로 인해 문제가 되기도 하니 주의가 필요하지만, 그럼에도 기본

적으로 마음을 열고 수용하려는 자세로 들어야 합니다.

설교를 들은 후에 은혜를 나누는 것도 중요합니다. 설교는 개인이 아닌 공동체를 향해 선포되므로 다른 사람이 듣고 받은 은혜를 서로 나누는 공동체적 설교 듣기가 필요합니다.

셋째, 독서를 해야 합니다. 기독교는 성경이라는 한 권짜리 책의 종교입니다만, 그 한 권을 이해하기 위해서는 백 권 이상의 책이 필요합니다. 성경을 처음 읽으면 다들 어렵다고 합니다. 왜냐면 지금과는 전혀 다른 시대와 장소에서 사건이 발생했고 기록되었고 전수되었기 때문입니다. 그래서 역사와 문화와 문학에 대한 배경 지식 없이 성경을 이해하는 건 불가능에 가깝습니다.

두 종류의 책을 읽기를 권합니다. 먼저 신앙 서적입니다. 기독교 서점에서 만날 수 있는 책들이며, 성경과 신앙에 관련된 도움을 받을 수 있습니다. 그런데 조심히 가려 읽어야 합니다. 사이비 이단 책을 읽으면 곤란하고, 번영신앙과 왜곡된 은사주의에 치우친 책도 피해야 합니다. 특히 베스트셀러라는 책일수록 경계해야 합니다. 잘 팔리는 책이 반드시 좋은 책은 아닙니다. 그리고 일반 교양서적도 읽어야 합니다. 일반 서점에서 흔하게 볼 수 있는 문학, 역사, 철학 등에 관한 책을 통해 인문학, 사회과학, 자연과학에 대한 지식이 쌓이면 성경을 보는 안목이 넓어지고 깊어집니다.

말씀 없이 구원의 여정은 없습니다. 밥을 먹어야 살 수 있듯

이 말씀을 먹어야 살 수 있습니다. 성경을 읽는 습관을 들이고, 매주 설교를 청취하고, 꾸준한 독서 생활을 통해 말씀의 양식을 잘 섭취할 수 있습니다.

3) 교제

사람은 호흡하고 먹어야 살 수 있습니다. 그리고 인간이 생존하고 성장하고 성숙하는 데 필수적인 조건이 또 무엇이 있을까요? 아기를 생각해 봅시다. 이제 막 태어난 아기에게 숨쉬고 먹는 것 외에 가장 필요한 것이 무엇일까요? 가족입니다.

가족은 공동체입니다. 아기에게는 낳아 주고 보살펴 주고 사랑으로 길러 주는 부모가 중요합니다. 평생의 동지인 형제의 우애도 필요합니다. 할아버지 할머니의 관심과 보살핌도 소중합니다. 신앙도 마찬가지입니다. 가족 공동체에 준하는 교회 공동체가 중요합니다. 신앙 가족 공동체에서 이뤄지는 코이노니아 즉 믿음의 교제가 필수적입니다.

> 이로써 네 믿음의 교제가 우리 가운데 있는 선을 알게 하고 그리스도께 이르도록 역사하느니라. (빌레몬서 1장 6절)

빌레몬서 말씀처럼 믿음의 교제는 구원의 길잡이가 됩니다.

교제는 그리스도인의 가족됨입니다. 교회는 주 안에서 한 가족이고 하나님의 은혜 전달자입니다. 물론 사람을 매개하지 않고도 직접적으로 하나님의 은총을 체험할 수도 있지만, 이런 경우에 종교 행위를 통한 개인의 주관적 자기 만족감을 하나님의 은혜로 착각해서는 안 됩니다. 하나님의 은혜는 나르시시즘이 아닙니다.

하나님 사랑은 이웃 사랑을 통해 공유되고 전파됩니다. 마치 하나님께서 아브라함을 복의 근원이며 전달자로 선택하셨듯이, 교회 공동체는 성도 간의 친밀한 교제를 통해 하나님의 사랑을 경험하게 하는 매개가 됩니다. 교우들 사이의 관심과 공감, 기도와 대화를 통해 주님의 사랑이 임합니다.

최근 교회 공동체와 교제의 가치가 무시되는 경향이 강합니다. 자기 교리에만 몰입해서 폐쇄적이고 외부인에게는 배타적인 패거리 종교 문화를 코이노니아라고 착각하는 경우가 많습니다. 교인들 사이의 인간관계에 문제가 생겨서 공동체를 떠나 익명성이 보장되는 대형교회 뒷자리에서 나 홀로 신앙생활하는 사례가 흔합니다. 교회에서 벌어지는 부끄러운 부패와 비리로 인해 교회 공동체의 존재 의미 자체를 부인하는 사람도 있습니다.

문제없는 가정이 없듯이 문제없는 교회도 없습니다. 가족 관계에 다툼이 있다고 해서 가족은 필요 없다, 나 홀로 살겠다 하는 것은 어불성설입니다. 마찬가지로 구원받은 죄인의 공동체

인 교회에 실망했다고 교회 자체를 부인해서는 안 됩니다. 기독교 신앙은 공동체 신앙입니다. 혼자 하는 공놀이를 축구라고 부르지 않듯이, 혼자 하는 종교 문화를 기독교 신앙이라고 부르지 않습니다. 공동체 없는 신앙은 기독교 신앙이 아닙니다. 공동체의 교제가 중요한 이유는 다음과 같습니다.

첫째, 공동체를 통해 하나님 나라를 경험합니다. 교회를 통해 하나님 나라의 구원을 미리 체험합니다. 모델하우스나 시식 코너와 비슷합니다. 교회는 하나님 나라 전지훈련 장소입니다. 영원한 하나님 나라의 삶의 방식, 즉 정의와 평화와 용서와 화해를 미리 연습하는 장소가 교회입니다.

둘째, 나눔을 통해 그리스도의 사랑을 체험합니다. 자기 것을 나누려 하지 않는 사람은 구원받은 천국 시민이 아닙니다. 자기의 관심과 시간, 재물과 노동을 타인을 위해 베풀면서 풍요로움을 경험하는 장소가 교회입니다. 이 세상에서 가장 불행한 사람은 소유의 기쁨만 알고 베풂의 기쁨을 모르는 사람입니다.

셋째, 섬김을 통해 그리스도의 봉사를 경험합니다. 자기 자신만을 위해 사는 사람은 구원받은 하나님 나라 백성이 아닙니다. 자기보다 연약한 자를 돕기 위해 자기를 희생하는 섬김이 천국 가족의 라이프 스타일입니다. 이 세상에서 가장 불행한 사람은 높아지는 군림의 기쁨만 알고 낮아지는 섬김의 기쁨을 모르는 사람입니다.

4) 선교

호흡과 양식과 가족에 이어 인간에게 필요한 것은 또 무엇이 있을까요? 사람은 언제 자기 존재의 의미를 발견하나요? 자기의 관심과 재능을 살려 일하면서 만족을 얻고 이웃과 세상을 유익하게 할 때입니다. 그게 바로 직업입니다. 직업은 단순한 밥벌이가 아닙니다. 단지 호구지책으로 하기 싫은 일을 하며 사는 인생은 행복하지 않습니다. 적절한 보상을 받고 보람을 느끼고 인정을 받으며 사회의 구성원으로 살아가는 행위가 직업입니다.

모든 그리스도인은 선교라는 직업을 갖고 있습니다. 선교는 하나님께서 모든 그리스도인에게 부여하신 직업입니다. 구원받고, 구원을 이뤄 가는 사람은 선행과 전도로 예수 그리스도의 하나님 나라 복음을 전파합니다. 선교는 단지 포교가 아니며, 종교의 전파 그 이상입니다. 하나님의 복음은 사랑이며, 선교는 사랑의 구체적인 실천입니다.

> 그가 우리를 위하여 목숨을 버리셨으니 우리가 이로써 사랑을 알고 우리도 형제들을 위하여 목숨을 버리는 것이 마땅하니라 누가 이 세상의 재물을 가지고 형제의 궁핍함을 보고도 도와줄 마음을 닫으면 하나님의 사랑이 어찌 그 속에 거하겠느냐. (요한1서 3장 16-17절)

선교는 예수를 본받는 삶입니다. 예수가 세상을 구원하기 위해 십자가에서 피 흘려 희생했듯이, 그리스도인이 이웃을 위해 자기를 희생함이 선교입니다. 궁핍한 자를 돕는 사랑의 실천이 선교입니다. 이것이 모든 그리스도인의 사명이며 의무이며, 모든 교회의 존재 이유입니다. 선교의 과정과 방법을 크게 세 단계로 살펴봅시다.

첫째는 전도입니다. 흔히들 전도하면 노방전도를 떠올립니다. 그들의 용기에 탄복하면서도 무언가 불편함을 느낍니다. 거리 전도의 맹점은 전도자의 삶이 없다는 점입니다. 일반적으로 전도는 말로 한다고 생각합니다만, 그렇지 않습니다. 전도는 입이 아니라 삶으로 합니다. 일상에서 자비와 긍휼, 용서와 화해를 실천하는 예수 닮은 삶이 바로 전도입니다.

둘째는 구별된 삶입니다. 죄악 세상에서 거룩한 하나님 나라 사람이 살아가는 모습은 어색합니다. 거룩이란 구별됨입니다. 자기 유익을 위해 타인을 도구로 삼는 세상에서 타인의 유익을 위해 자기를 내어주는 구별된 삶, 그것이 예수의 삶이었고 그리스도인의 삶이며 전도자의 삶입니다. 세상은 그런 모습을 낯설어 합니다. 세상 사람들과 구별되는 낯선 삶, 남다른 생활방식과 취향이 전도자의 삶입니다. 처음에는 세상의 조롱거리가 되겠지만, 언젠가는 반드시 '부끄러운 삶'이 '부러운 삶'으로 변화됩니다.

셋째는 증언입니다. 구별된 삶, 선하고 의로운 삶을 살면 세상 사람들이 궁금해합니다. 왜 그렇게 사느냐고 물을 때, 그때 하는 대답이 바로 증언입니다.

> 또 너희가 열심으로 선을 행하면 누가 너희를 해하리요 그러나 의를 위하여 고난을 받으면 복 있는 자니 그들이 두려워하는 것을 두려워하지 말며 근심하지 말고 너희 마음에 그리스도를 주로 삼아 거룩하게 하고 너희 속에 있는 소망에 관한 이유를 묻는 자에게는 대답할 것을 항상 준비하되 온유와 두려움으로 하고 선한 양심을 가지라 이는 그리스도 안에 있는 너희의 선행을 욕하는 자들로 그 비방하는 일에 부끄러움을 당하게 하려 함이라. (베드로전서 3장 13-16절)

세상 사람들의 질문에 대한 온유하고 두려운 대답이 복음의 증언입니다. 증언하기 위해 성경과 교리를 반드시 암송할 필요는 없습니다. 하나님을 만난 체험, 예수 그리스도의 사랑을 경험한 자기 이야기를 하면 됩니다. 삶에서 우러나는 신앙고백이 증언입니다. 정답은 없습니다. 자기만의 언어, 자기만의 방식으로 자기 신앙을 진솔하게 고백하는 것으로 충분합니다. 삶에서 우러나는 하나님 나라, 일상에서 묻어나는 예수의 향기가 바로 전도이며 선교입니다. 복음은 그렇게 전파됩니다.

구원의 과정에 대해 살펴보았습니다. 하나님께서 예수 십자가 대속의 은총을 통해 이미 이루신 과거형 구원을 받아들이며 시작하는 현재 진행형 구원은 교회를 통해 진행됩니다. 기도의 호흡, 말씀의 양식, 교회라는 가족, 선교라는 직업을 통해 구원은 이뤄집니다. 교회에 소속되어 기도를 생활화하고, 성경을 가까이하며, 신앙 공동체 안에서 사랑을 나누고 체험하며, 전도와 봉사를 위해 노력하고 있다면 "나는 구원받고 있다"고 조심스럽게 말할 수 있습니다. 쉽지 않은 구원의 여정이지만 성령의 능력을 신뢰하며 찬양하며 그 길을 가는 성도가 되길 바랍니다.

주와 같이 길 가는 것 즐거운 일 아닌가
우리 주님 걸어가신 발자취를 밟겠네
어린아이 같은 우리 미련하고 약하나
주의 손에 이끌리어 생명 길로 가겠네
꽃이 피는 들판이나 험한 골짜기라도
주가 인도하는 대로 주와 같이 가겠네
옛 선지자 에녹같이 우리들도 천국에
들려 올라갈 때까지 주와 같이 걷겠네
한걸음 한걸음 주 예수와 함께
날마다 날마다 우리 걸어가리.

(찬송가 430장 '주와 같이 길 가는 것')

9. 미래형 구원

과거형 구원과 현재 진행형 구원을 살펴보았습니다. 이 세상의 구원은 2천 년 전 예수 그리스도가 십자가에서 온 인류를 위한 영원한 희생 제물로 죽음으로써 이미 시작되었습니다. 인간은 예수의 죽음이 자기 죄를 씻는 제사였음을 믿음으로 구원의 길에 첫걸음을 내딛고, 교회를 통해 매일 기도의 호흡과 말씀의 양식과 공동체의 교제와 선교의 사명을 이어 가며 구원의 길을 가게 됩니다. 이제 미래에 완성되는 구원을 알아봅시다.

나는 구원받을 수 있을까? 구원의 길을 가는 사람은 자신의 최종 구원이 과연 완성될지에 대해 질문할 수 있습니다. 예수 믿고 세례받아 그리스도인이 되었고, 주일마다 교회에서 예배를 드리고 일상에서 나름 열심히 기도와 말씀과 교제와 선교의 삶을 사는 사람도 마지막 날 자신의 구원이 완전히 이뤄질지를 생각하면 불안해지기도 합니다. 아직 마지막 구원이 완성되지 않았고, 예수가 이렇게 말했기 때문입니다.

> 선한 일을 행한 자는 생명의 부활로, 악한 일을 행한 자는 심판의 부활로 나오리라. (요한복음 5장 29절)

생명의 부활이냐, 심판의 부활이냐, 아직 결정되지 않았습니다. 하나님의 엄격한 기준에 근거할 때 자기가 선한 일을 하고 있다고 확신할 수 없습니다. 스스로 돌아봤을 때 생명의 부활을 장담할 수 없습니다. 그렇기 때문에 구원의 최종 완성에 대해 불안감이 생기는 것은 당연합니다.

어떻게 마지막 구원의 완성에 참여할 수 있을까요? "구원받을 것이다"라는 미래형 구원은 무슨 뜻인가요? 그것은 예수를 따르는 사는 삶을 절대로 끝까지 포기하지 않을 것이라는 다짐이며, 그 결과 영생에 이를 것이라는 귀결에 대한 소망입니다. 최종 구원은 어떻게 이뤄지며, 그것을 대하는 그리스도인은 어떤 자세를 가져야 할까요?

1) 심판

모든 일에는 시작이 있으면 끝이 있듯이, 이 세상도 마찬가지입니다. 기독교는 세상의 종말을 믿습니다. 세상 마지막 날에 무슨 일이 있을까요?

> 그가 땅을 심판하러 임하실 것임이로다 그가 의로 세계를 판단하시며 공평으로 그의 백성을 심판하시리로다. (시편 98편 9절)

심판이 있습니다. 부활 승천한 예수는 재림하여 세상을 심판할 것입니다. 그리스도인의 신앙고백인 사도신경은 이렇게 말합니다. "하늘에 오르사, 전능하신 하나님 우편에 앉아 계시다가, 저리로서 산 자와 죽은 자를 심판하러 오시리라." 심판의 대상은 산 자와 죽은 자, 모든 인간입니다. 예수 재림 이전에 우리가 죽고 인생이 끝나면, 그 후에 무엇이 기다리고 있을까요? 히브리서 기자는 "한 번 죽는 것은 사람에게 정해진 것이요 그 후에는 심판"이 있다고 했습니다(히 9:27). 죽음 후에는 심판이 있습니다. 모든 인간은 죽고 나면 예외 없이 하나님의 심판대에 섭니다. 하나님의 마지막 심판은 어떤 심판인가요?

정의로운 심판입니다. 요한계시록은 "그의 심판은 참되고 의로운지라"고 말합니다(계 19:2). 인간의 재판은 때때로 정의롭지 않기도 합니다. 악한 변호사나 타락한 검사나, 불의한 판사를 만나면 옳지 않은 재판 결과가 나오기도 합니다. 하지만 하나님의 심판은 의로운 심판입니다. 의로운 심판의 결과는 무엇인가요?

> 주께서 경건한 자는 시험에서 건지실 줄 아시고 불의한 자는 형벌 아래에 두어 심판 날까지 지키시며 특별히 육체를 따라

더러운 정욕 가운데서 행하며 주관하는 이를 멸시하는 자들 에게는 형벌할 줄 아시느니라. (베드로후서 2장 9-10절)

이와 같이 하나님의 심판에는 형벌이 있습니다. 심판의 결과에 따라 어떤 사람은 영원한 구원을 받아 완성된 하나님 나라에 들어갑니다. 하지만 어떤 사람은 영원한 형벌을 받아 지옥이라고 불리는 곳에 갈 수 있습니다.

모든 인간 앞에는 하나님의 최종 심판이 기다리고 있습니다. 그분의 심판은 의로운 심판입니다. 심판의 결과에 따라 영원한 구원이냐, 영원한 형벌이냐가 결정됩니다. 우리는 그 심판에서 영원한 구원을 받기 원합니다. 어떻게 해야 심판을 통과할 수 있을까요? 판결의 기준은 무엇일까요?

2) 기준

모든 심판에는 기준이 있습니다. 스포츠 경기 심판도 룰에 따라 심판을 내립니다. 재판관은 법에 따라 판단합니다. 하나님도 마찬가지입니다. 인간의 영원한 구원과 형벌을 가리는 하나님의 정의로운 심판의 기준은 무엇인가요?

> 죽은 자들이 자기 행위를 따라 책들에 기록된 대로 심판을 받으니 … 각 사람이 자기의 행위대로 심판을 받고 사망과 음부도 불못에 던져지니…. (요한계시록 20장 12-14절)

행위가 기준입니다. 인간은 자신의 행위에 근거하여 심판받습니다. 이 세상에 살아 있을 때 어떤 일을 했는가를 하나님께서는 보십니다. 행위는 믿음의 결과라서 어떤 믿음을 가지고 살았는가에 따라 그 행위가 결정됩니다. 행위의 어떤 점을 보고 하나님께서는 심판하시나요?

> 하나님은 모든 행위와 모든 은밀한 일을 선악 간에 심판하시리라. (전도서 12장 14절)

> 이는 우리가 다 반드시 그리스도의 심판대 앞에 나타나게 되어 각각 선악 간에 그 몸으로 행한 것을 따라 받으려 함이라. (고린도후서 5장 10절)

행위의 선악이 기준입니다. 선을 행했는가, 악을 행했는가에 따라 심판받습니다. 행위는 믿음의 열매이기에 하나님을 믿는 선한 믿음을 가진 자의 행위는 선하겠지만, 우상을 숭배하는 악한 믿음을 갖고 산 사람의 행위는 악할 것입니다.

성경을 보면 행위가 아닌 믿음으로 구원받는다는 말이 나옵니다. 반복해서 말씀드리자면, 거기서 비판하는 행위는 믿음의 결과로 우러나는 선행이 아닙니다. 그것은 사랑 없는 율법의 행위입니다. 예수와 바울 당시 유대교인들 중에는 하나님을 향한 믿음 즉 하나님 사랑과 이웃 사랑의 마음이 없이, 율법의 규칙만을 준수하며 사는 자들이 많았습니다. 율법의 내용이 되어야 할 사랑이 배제된 채 껍데기만 남은 종교 행위를 통해 구원을 받지 못한다는 뜻입니다.

아무리 주일을 성수하고, 십일조를 빠뜨리지 않고, 교회 봉사를 잘하더라도 하나님을 향한 믿음과 약자를 향한 사랑이 없으면 구원을 받을 수 없습니다. 종교는 인간을 구원하지 못합니다. 사랑이 인간을 구원합니다. 그렇다면 사랑이란 무엇인가요?

사랑은 긍휼입니다. 약자의 고통을 바라보며 공감하여 같이 아파하며, 약자를 보호하기 위해 발벗고 나서는 것이 긍휼입니다. 하나님을 향한 믿음으로 구원을 얻는데, 왜 약자를 사랑하고 도와줘야 하나요?

> 그들도 대답하여 이르되 주여 우리가 어느 때에 주께서 주리신 것이나 목마르신 것이나 나그네 되신 것이나 헐벗으신 것이나 병드신 것이나 옥에 갇히신 것을 보고 공양하지 아니하더이까 이에 임금이 대답하여 이르시되 내가 진실로 너희에

> 게 이르노니 이 지극히 작은 자 하나에게 하지 아니한 것이 곧 내게 하지 아니한 것이니라 하시리니 그들은 영벌에, 의인들은 영생에 들어가리라 하시니라. (마태복음 25장 44-46절)

예수는 약자와 자신을 동일시했습니다. 예수는 고난받는 자이고, 고난받는 자가 예수입니다. 못 먹는 자, 외로운 자, 가난한 자, 병든 자, 의를 행하다가 감옥에 갇힌 자, 그들 가운데 예수가 있습니다. 그들을 바라보며 긍휼한 마음을 품고 자기 것을 베풀고 나눔으로써 구원을 받을 수 있습니다.

> 긍휼을 행하지 아니하는 자에게는 긍휼 없는 심판이 있으리라 긍휼은 심판을 이기고 자랑하느니라. (야고보서 2장 13-17절)

하나님의 최종 심판의 기준은 인간의 행위입니다. 생전에 선행을 했는가, 악행을 했는가를 보고 하나님께서는 상벌을 내리십니다. 상을 받기 위한 선행은 긍휼입니다. 가난한 자를 보며 불쌍한 마음을 가지고 자기 소유를 베푼 자가 영원한 생명을 얻게 됩니다.

3) 긴장

어떻습니까? 당신은 영생을 얻을 자신이 있나요? 하나님 보시기에 충분히 흡족할 만큼 선행을 베풀며 살고 있다고 자부하나요? 아니면 스스로 많이 부족하다고 생각하여 부끄럽고 두렵나요? 사실 최종 구원을 자신하는 사람은 매우 교만한 사람입니다. 죄인 된 인간은 어느 누구도 자기 능력으로 하나님의 엄격한 기준을 만족시킬 만큼 선한 공로를 쌓을 수 없습니다. 주님의 마지막 심판에 대해 어떤 자세를 취해야 하나요?

> 내 육체가 주를 두려워함으로 떨며 내가 또 주의 심판을 두려워하나이다. (시편 119편 120절)

두려움은 당연한 반응입니다. 최후 심판을 생각할 때 인간은 항상 긴장합니다. 떨리는 마음으로 마지막 판결의 자리를 기다립니다. 왜 긴장될까요? 누구보다도 자기가 행한 일과 부족함을 잘 알기 때문이겠지요. 좀 더 깊이 들여다볼까요?

첫째, 우리는 죄인이기 때문입니다. 인간의 근원적 감정은 이기심이고, 본능적으로 자기중심적입니다. 자기중심성으로 인해 하나님이 아닌 자기 자신을 믿으려 하고, 스스로 하나님이 되고자 합니다. 하나님이 아닌 다른 것에 의지한 결과 타인에 대해

교만하고 무례하게 대합니다.

> 형제에게 노하는 자마다 심판을 받게 되고 … 미련한 놈이라 하는 자는 지옥 불에 들어가게 되리라. (마태복음 5장 22절)

단 한 번도 화를 안 내 본 사람, 욕해 본 적 없는 사람이 있나요? 이 말씀은 나쁜 언어 습관에만 국한된 교훈이 아닙니다. 행동으로 옮기지 않고 마음에 분노와 욕설을 품기만 했더라도 죄가 됩니다. 하나님께서는 중심을 보시기 때문입니다. 거룩하신 하나님의 엄격한 기준으로 볼 때 아무리 착한 사람이라도 누구나 죄인이고, 그의 행동은 범죄입니다. 긴장되는 또 다른 이유가 있습니다.

둘째, 하나님의 예정이 있기 때문입니다. 세상 모든 일은 하나님의 계획을 벗어나 일어나지 않습니다. 인간의 구원도 마찬가지입니다. 그것을 하나님의 예정이라고 부릅니다. 하나님께서는 구원받을 자를 이미 아시고, 성경은 그들의 이름이 기록된 책이 있다고 말합니다.

> 누구든지 생명책에 기록되지 못한 자는 불못에 던져지더라. (요한계시록 20장 15절)

인간은 구원받을 자의 목록에 자기 이름이 있는지 알지 못합니다. 하나님 입장에서는 구원받을 자를 아시지만, 인간의 입장에서는 알 길이 없습니다. 그러므로 두렵고 떨리는 마음으로 하나님께서 기뻐하시는 일을 하려고 자유의지를 선하게 사용하려고 노력해야 합니다. 마지막 심판을 생각할 때 긴장하게 되는 다른 이유가 또 있습니다.

셋째, 심판 일시를 모르기 때문입니다. 최후 심판의 날은 언제 올까요? 역사를 살펴보면 인간은 그날이 언제일까 항상 궁금해했습니다. 어떤 사람들은 자기가 그날을 안다며 특정 날짜를 말하기도 했지만 항상 틀렸습니다. 왜 그랬을까요?

> 그런즉 깨어 있으라 너희는 그날과 그때를 알지 못하느니라.
> (마태복음 25장 13절)

최후 심판은 기말고사가 아닙니다. 시험 날짜를 미리 알면 학기 내내 놀다가 시험 직전에 벼락치기를 할 수 있지만, 심판의 날은 언제 올지 알 수가 없습니다. 그날을 미리 안다면 그때에 맞춰 자기의 죄를 회개하고 심판을 준비할 텐데, 알 길이 없으므로 항상 깨어 있어야 합니다. 내일이 그날일 줄로 알고 늘 자신을 돌아봐야 합니다.

마지막 심판을 생각할 때 두렵습니다. 스스로 돌아보면 죄악

투성이고, 하나님께서 이미 아시는 구원자의 명단에 과연 내 이름이 있을지 걱정되고, 그날이 언제 올지 알 길이 없습니다. 그렇다면 그리스도인은 항상 긴장하며 걱정하며 사는 사람인가요? 아닙니다.

4) 안심

주의 심판을 기다리는 그리스도인의 감정은 두려움이 전부인가요? 원래 그리스도인은 기쁘게 사는 사람들 아닌가요? 어떻게 최후 심판의 긴장감을 유지한 채, 이미 이뤄진 하나님 나라를 맛보며 즐겁게 살 수 있을까요? 심판을 생각하며 기쁘게 사는 삶이 가능한가요? 가능합니다.

> 주의 심판으로 말미암아 시온 산은 기뻐하고 유다의 딸들은 즐거워할지어다. (시편 48편 11절)

이 말씀은 하나님의 심판으로 인하여 기뻐하고 즐거워하라고 말합니다. 어떻게 안심할 수 있나요? 어떻게 평안한 마음이 가능한가요? 예수 그리스도를 믿고, 자기 죄를 회개하고, 그분의 사랑 안에 거하는 자는 안심하고 평안을 누립니다.

내가 진실로 진실로 너희에게 이르노니 내 말을 듣고 또 나 보내신 이를 믿는 자는 영생을 얻었고 심판에 이르지 아니하나니 사망에서 생명으로 옮겼느니라. (요한복음 5장 24절)

믿는 자는 영생을 얻고 심판에 이르지 않습니다. 예수가 십자가에서 이미 우리 죄를 대신 지고 죽었기 때문에 예수를 구주로 믿는 자는 안심해도 됩니다. 그분의 대속의 보혈이 우리 죄를 이미 씻었습니다. 이 사실을 믿고 예수의 삶을 본받아 오늘을 사는 자, 예수의 가르침을 오늘 따르는 자는 나중 심판의 결과가 두려워 벌벌 떨 필요가 없습니다. 그런데 예수를 믿고 해야 할 일이 있습니다.

주의 약속은 어떤 이들이 더디다고 생각하는 것같이 더딘 것이 아니라 오직 주께서는 너희를 대하여 오래 참으사 아무도 멸망하지 아니하고 다 회개하기에 이르기를 원하시느니라. (베드로후서 3장 9절)

회개입니다. 죄를 회개하고 하나님께 용서받은 자는 안심해도 됩니다. 하나님은 인간을 처벌하기를 즐거워하는 폭군이 아닙니다. 모든 사람들이 "멸망하지 아니하고 다 회개"하기를 바라고 기다리십니다. 자기 아들을 주실 정도로 인간을 사랑하시는 분

이 하나님이시기 때문입니다.

> 하나님이 세상을 이처럼 사랑하사 독생자를 주셨으니 이는 그를 믿는 자마다 멸망하지 않고 영생을 얻게 하려 하심이라 하나님이 그 아들을 세상에 보내신 것은 세상을 심판하려 하심이 아니요 그로 말미암아 세상이 구원을 받게 하려 하심이라. (요한복음 3장 16-17절)

하나님은 세상을 이토록 사랑하십니다. 하나님께서 아들을 보내신 이유는 인류를 멸망시키기 위해서가 아니라 영생을 주기 위해서입니다. 예수가 이 세상에 온 이유는 세상을 심판하기 위해서가 아니라 구원하기 위해서입니다. 하나님과 예수 그리스도의 사랑을 받고 그분을 사랑하는 자는 안심해도 됩니다.

> 이로써 사랑이 우리에게 온전히 이루어진 것은 우리로 심판 날에 담대함을 가지게 하려 함이니 주께서 그러하심과 같이 우리도 이 세상에서 그러하니라 사랑 안에 두려움이 없고 온전한 사랑이 두려움을 내쫓나니 두려움에는 형벌이 있음이라 두려워하는 자는 사랑 안에서 온전히 이루지 못하였느니라. (요한1서 4장 17-18절)

하나님의 최후 심판을 생각할 때 담대함을 가져도 좋습니다. 하나님께서는 인간을 사랑하시며, 인간이 하나님을 사랑하기를 바라십니다. 하나님과 인간이 사랑으로 연결되기를 바라십니다. 심판 날에 혹시 형벌을 받을까 두려워 공포에 떠는 모습은 사랑하는 자의 모습이 아니며 하나님께서 기대하시는 태도가 아닙니다. 긴장은 하되 두려워할 필요는 없습니다.

결국 인간은 형벌에 대한 공포와 구원에 대한 기대 사이에 놓여 있는 존재입니다. 둘 사이에 어떤 힘에 이끌리는가에 따라 현재 신앙이 입증된다고 할 수 있습니다. 최후 심판을 생각할 때 떠오르는 감정은 벌 받을 두려움인가요, 상 받을 기대감인가요? 지금 당신의 상태는 율법의 형벌인가요, 사랑의 능력인가요?

당신의 신앙을 이끄는 힘은 지옥입니까, 천국입니까? 지옥의 공포 때문에 교회에 옵니까, 천국의 소망 때문에 예배를 드립니까? 머리에 뿔나고 꼬리가 달린 빨간 몸뚱이의 괴물이 삼지창을 들고 지키는 끓는 가마솥에 빠지는 게 두려워 기독교인이 되었습니까, 아니면 하나님과 함께 거니는 새로운 에덴동산이 그리워 그리스도인이 되었습니까?

지옥 마케팅으로 교인을 단속하는 교회가 있습니다. 목사는 자기 말 안 들으면 지옥 간다고 교인들을 설교로 협박하고, 교인은 그 말에 짓눌려 늘 두려워합니다. 얼굴 표정은 항상 경직돼 있고, 불신자와 소수자를 경멸하는 눈으로 바라봅니다. 비상식

적이고 이상한 행동으로 주변 사람을 불편하게 합니다. 우리 주변에 실제로 이런 모습을 닮은 교인이 있습니다. 지옥이 이끄는 신앙을 가진 교회의 사람입니다.

천국의 소망이 이끄는 교회가 있습니다. 예수를 믿고 회개하고 용서받아 하나님 나라 백성 된 감사로 살아갑니다. 구원의 은총에 감격하여 예배하며 찬양하고, 예수를 닮아 서로 사랑하고, 죄인을 가엽게 여기고, 원수를 용서하며 삽니다. 하늘 나라 삶의 모습으로 땅의 나라를 살아갑니다. 그의 삶의 반경에 그리스도의 향기가 납니다. 불신자는 그의 낯선 삶의 방식을 보고 처음에는 당혹스러워하지만 호기심 어린 눈으로 바라보다가 결국 부러워 함께하고 싶은 생각을 갖게 됩니다. 천국이 이끄는 신앙을 가진 교회의 사람입니다.

종종 선한 불신자와 착한 타종교인이 최후 구원을 받을 수 있는지에 대한 질문을 받습니다. 결론은 “하나님께서 아십니다”입니다. 인간은 어느 누구도 최후 심판에 대해 함부로 말할 수 없습니다. 자기의 구원 여부도 말 못하는 주제에 하나님의 절대 주권의 영역을 감히 넘보는 사람은 대단히 교만한 자입니다. 다만 우리는 오직 주 예수 그리스도만이 유일한 구원의 길임을 믿고 따르며, 다른 사람들도 그 길을 가기를 간절히 소망하고 기도하며 초대할 뿐입니다.

자신의 최후 구원에 대해 궁금하다면, 질문을 바꿔 봅시다.

"나는 나중에 천국에 갈 수 있을까"에서 "나는 지금 천국을 살고 있는가"로 말입니다. "하나님께서 나를 천국에 보내실까"에서 "내가 과연 천국을 선택할까"로 질문을 바꿔 봅시다.

현세의 삶은 하나님의 선한 창조와 죄악의 악한 타락이 혼재한 곳입니다. 인간의 현재 모습은 하나님의 선한 형상과 죄인의 악한 모습이 뒤섞인 꼴입니다. 그래서 지금은 때로는 선하게 때로는 악하게 살지만, 마지막에는 둘 중 하나를 결정해야 할 날이 옵니다.

현재에 지옥을 즐기는 자는 미래에 지옥을 선택하겠고, 현재에 천국을 즐기는 자는 미래에 천국을 선택합니다. 현재에 천국을 사는 자는 절대로 미래에 지옥을 선택하지 않습니다. 왜냐면 천국 사람이 보기에 증오와 폭력이 난무하는 지옥의 삶은 역겹기 때문입니다. 마찬가지로 현재에 지옥을 사는 자는 절대로 미래에 천국을 선택하지 않습니다. 왜냐면 지옥 사람이 보기에 용서와 희생이 넘치는 천국의 삶은 역겹기 때문입니다.

천국 백성은 지옥 같은 세상에서도 천국의 삶을 살아서, 지옥 같은 세상을 천국으로 만드는 사람입니다. 지옥 백성은 천국 같은 세상에서도 지옥의 삶을 살아서, 천국 같은 세상을 지옥으로 만드는 사람입니다. 당신은 천국에 가까운 사람인가요, 지옥에 가까운 사람인가요? 알아보는 방법이 있습니다. 누군가와 다퉜다고 가정해 봅시다. 지옥의 사람은 미워하고 증오하고 복수를

꾀합니다. 힘이 있다면 보복하고 즐거워하며 폭력을 키웁니다. 반면, 천국의 사람은 용서하고 화해를 시도하고 내키지 않아도 먼저 사과합니다. 그에게 더 잘해 주며 선으로 악을 이김으로 평화를 만듭니다. 대부분의 사람에게는 천국인과 지옥인, 두 모습이 다 있습니다. 내 안에 지옥의 모습을 죽이고 천국의 모습을 살리려고 노력하며 산다면 천국의 사람입니다. 내 안에 천국의 모습을 죽이고 지옥의 모습을 살리려고 노력하며 산다면 지옥의 사람입니다.

구원 "받을 것이다", 미래형 구원이란 무엇인가요? 그것은 바로 이렇게 요약할 수 있습니다. "나는 회개하고 예수를 믿었다. 교회 공동체 안에서 예수의 삶을 본받아 살고 있다. 이 삶을 끝까지 절대로 포기하지 않겠다고 다짐한다." 이 말에 "아멘" 하는 자, 당신은 구원을 받을 자라고 조심스럽게 말하고 싶습니다.

지금까지 과거, 현재, 미래형 구원에 대해 살펴보았습니다. 이미 받은 구원, 지금 받고 있는 구원, 앞으로 받을 구원에 대해 알아보았습니다. 예수 그리스도의 대속의 보혈을 믿고 회개한 자는 구원을 "받았습니다." 세례를 받고 교회의 일원으로서 기도와 말씀과 교제와 선교를 실천하며 살고 있다면 구원을 "받고 있습니다." 하나님께서 기뻐하시는 선한 삶을 살아서 최후 심판 때 하나님의 기준을 만족시키는 사람은 구원을 "받을 것입니다." 그리스도인은 긴장하되 두려워 말고, 사랑의 능력과 하나님 나라

의 소망을 가지고 안심하며 평안을 누리며 살 수 있습니다.

잊지 맙시다. 구원은 '문'이 아니라 '길'입니다. 예수와 함께 경건하게, 유쾌하게 구원의 여정을 함께 갑시다.

IV. 천국

10. 천국이란 무엇인가?

11. 누가 천국에 가는가?

12. 천국은 어떻게 이루어지는가?

10. 천국이란 무엇인가?

“당신은 지금 죽어도 천국에 갈 수 있습니까?” 이 질문은 사람을 불편하게 만듭니다. 특히 기독교를 믿고 내세를 믿는 사람은 더 긴장합니다. 이 질문은 지금 자기의 신앙과 삶을 돌이켜 볼 때 하나님 앞에서 부끄러움이 없는가 생각하게 만드는 좋은 효과가 있습니다. 하지만 내세에 집착하여 현세를 멀리하거나 지나치게 불안에 떨게 만들어 기쁨과 만족이 넘치는 신앙생활을 방해하기도 합니다.

어떻게 하면 천국을 생각할 때 행복할 수 있을까요? 천국의 소망이 가득하여 기쁨이 넘치는 인생을 살기 위해서는 먼저 천국이 무엇인지 알아야 합니다. 과연 성경은 천국에 대해 무엇이라고 말하고 있나요?

놀라지 마십시오. 성경에는 ‘천국’이라는 단어가 별로 안 나옵니다. 개역개정판 기준으로, 서른일곱 번 밖에 안 나옵니다. 그 중 대부분인 서른여섯 번은 마태복음에 나오고, 단 한 번만 디모데후서에 나옵니다. 왜 ‘천국’이라는 단어는 거의 마태복음에만 나오는 것일까요?

천국의 원래 표현은 '하나님 나라'이기 때문입니다. 1세기 유대인들은 하나님이라는 이름이 너무 거룩해서 입에 담을 수 없다고 생각했습니다. 마태복음의 저자는 이런 유대인 독자들을 배려해서 '하나님' 대신에 '하늘'이라는 단어를 사용해서 '하나님 나라'를 '하늘 나라'라고 표현했습니다.

한글성경 번역자는 '하늘 나라'를 '천국'으로 번역했습니다. 한자어를 선호했던 초기 한국 교회 지도자들은 '하나님 나라'보다 '천국'을 더 자주 사용하면서, 한국 교인들에게 '천국'이 '하나님 나라'보다 더 익숙한 표현이 되었습니다. 천국은 하나님 나라입니다.

그러면 하나님 나라는 무엇인가요? 예수는 하나님 나라를 자주 언급했습니다. '나라'라고 하면 보통 영토를 떠올리는데, 하나님 나라는 지리적 영역이 아닙니다. 하나님의 통치 또는 왕권을 뜻합니다. 하나님 나라는 하나님께서 다스리시는 나라입니다.

하나님 나라는 예수가 처음 언급하신 나라가 아닙니다. 구약성경에 이미 하나님 나라, 하나님의 다스리심, 하나님의 통치가 나옵니다. 구약 신앙의 전제가 바로 '하나님은 만물의 주권자이시다'입니다.

> 여호와께서 다스리시니 스스로 권위를 입으셨도다 여호와께서 능력의 옷을 입으시며 띠를 띠셨으므로 세계도 견고히 서

서 흔들리지 아니하는도다. (시편 93편 1절)

여호와는 크신 하나님이시요 모든 신들보다 크신 왕이시기 때문이로다 땅의 깊은 곳이 그의 손 안에 있으며 산들의 높은 곳도 그의 것이로다. (시편 95편 3-4절)

에덴을 떠난 아담과 하와의 후예들이 사는 죄악 세상에서 하나님의 통치는 저항과 반대에 부딪칩니다. 마귀의 유혹에 넘어간 이스라엘은 하나님의 다스리심에 반역하여 우상을 숭배하고 악을 행했습니다. 선지자들은 하나님께서 메시아를 보내 심판과 구원으로 자신의 왕권을 입증하시는 '주의 날', 새 시대가 다가올 것이라고 예언했습니다. 구약시대 그리고 예수 당시 사람들은 바로 이 '새 시대'를 '하나님 나라'로 이해했습니다. 결국 예수가 말한 하나님 나라는 구약에 예언된 구원의 날이 도래했다는 뜻입니다.

예수가 가르친 하나님 나라에는 두 가지 측면이 있습니다. 그것은 바로 '이미'와 '아직'입니다. 첫째, 하나님 나라는 이미 왔습니다. 예수의 선포와 사역, 죽음과 부활을 통해서 하나님의 나라는 이미 인간의 역사 속에서 현실이 되었습니다.

> 바리새인들이 하나님의 나라가 어느 때에 임하나이까 묻거늘 예수께서 대답하여 이르시되 하나님의 나라는 볼 수 있게 임하는 것이 아니요 또 여기 있다 저기 있다고도 못하리니 하나님의 나라는 너희 안에 있느니라. (누가복음 17장 20-21절)

둘째, 하나님 나라는 아직 오지 않았습니다. 이미 임한 하나님 나라는 역사의 마지막 날에 완성됩니다. 예수가 영광스럽게 다시 올 때 하나님 나라는 완전히 이루어집니다. 하나님 나라는 미래에 완전히 이루어질 하나님의 통치입니다.

> 너희는 나의 모든 시험 중에 항상 나와 함께 한 자들인즉 내 아버지께서 나라를 내게 맡기신 것같이 나도 너희에게 맡겨 너희로 내 나라에 있어 내 상에서 먹고 마시며 또는 보좌에 앉아 이스라엘 열두 지파를 다스리게 하려 하노라.
> (누가복음 22장 28-30절)

그리스도인은 하나님 나라의 '이미'와 '아직' 사이에서 살아갑니다. 미래의 하나님 나라는 성령을 통하여 현실이 됩니다. 하나님 나라는 그리스도의 사역에 기초하여, 영광스러운 미래 시대의 영원한 생명을 지금의 현실로 가져오시는 성령의 사역을 통해서, 인간의 경험 안에서 실현되고 있습니다.

그러면 하나님 나라는 어떤 나라인가요? 하나님 나라의 특징은 무엇인가요? 하나님 나라는 이 땅에 임하는 나라, 영원한 생명의 나라, 사랑이 넘치는 나라, 회개를 통해 갈 수 있는 나라입니다.

1) 임재

흔히들 천국, 즉 하나님 나라라고 하면 내세, 즉 죽어서 가는 곳이라고 생각합니다. 지금 살아가는 현실과는 관계없는 곳이라고 여기는데, 과연 그럴까요? 예수는 천국에 대해 어떻게 가르쳤나요?

> 회개하라 천국이 가까이 왔느니라. (마태복음 3장 2절)

> 이르시되 때가 찼고 하나님의 나라가 가까이 왔으니 회개하고 복음을 믿으라 하시더라. (마가복음 1장 15절)

예수는 천국 즉 하나님 나라가 가까이 왔다고 말했습니다. 나라가 가까이 오다니, 무슨 뜻인가요? 우리는 이미 하나님 나라는 지리 개념이 아니라, 통치 개념이라는 것을 확인했습니다. 하나님 나라가 가까이 온다는 말은 하나님의 다스림이 가까이 온

다는 의미입니다. 예수는 주기도문에서 그 의미를 분명히 설명했습니다.

> 나라가 임하시오며 뜻이 하늘에서 이루어진 것같이 땅에서도 이루어지이다. (마태복음 6장 10절)

나라가 가까이 온다, 나라가 임한다는 말은 하나님의 뜻이 이루어진다는 뜻입니다. 하나님께서 계신 하늘은 하나님의 다스림이 완전히 성취되고 있는 곳입니다. 하나님의 통치권은 단지 하늘에서뿐만 아니라 땅에서도 이루어져야 합니다.

하나님의 다스림은 순종을 통해 이뤄집니다. 하나님의 백성이 마귀의 뜻, 자기의 뜻이 아닌 하나님의 뜻에 순종하며 살 때 하나님 나라는 이 땅에서 이뤄집니다. 이 땅에 순종을 통해 이뤄지는 하나님 나라는 세 곳을 거치면서 점차 확대됩니다.

첫째, 하나님 나라는 개인의 심령에 임합니다. 그리스도인이 된다는 말은 새로운 존재가 된다는 뜻입니다. 그리스도인은 죄악의 권세에 사로 잡혀 자기 뜻대로 살아가다가, 예수 그리스도의 대속의 죽음과 부활을 믿고 새 생명을 얻어 하나님의 통치를 따라 하나님의 뜻에 순종하며 살아갑니다. 이미 임한 하나님 나라를 경험하며 기뻐하며 살아갑니다.

그러나 여전히 옛 본성이 남아 있습니다. 죄악에 이끌리는 연

약함이 여전해서 하나님의 다스림에 완전히 순종하지 못할 때가 많기에, 자기 내면에 하나님 나라가 완전히 완성되기를 간절히 고대하며 살아갑니다. 성령의 도우심 안에서 하나님 나라의 '이미'와 '아직'의 사잇길을 걸어갑니다.

둘째, 하나님 나라는 교회 공동체에 임합니다. 심령에 가득 찬 하나님의 통치는 그리스도인의 말과 행동을 통해 밖으로 표출되고, 하나님 나라를 경험한 다른 그리스도인과 결합하여 공동체를 이룹니다. 하나님 나라는 건강한 전염을 통해 확산됩니다.

교회는 하나님 나라 공동체입니다. 예수 그리스도를 주님으로 고백하는 자들이 서로 연합하여 하나님의 통치를 찬양하며 경배하고, 그리스도의 사랑을 서로 공유하며 아름다운 교제를 나누고, 하나님 나라의 복음을 전파하며 그리스도의 구원 사역에 동참합니다.

셋째, 하나님 나라는 세상에 임합니다. 하나님의 선한 통치에 순종하는 백성들은 자기 가족을 구원합니다. 가족은 하나님 나라의 기초 단위입니다. 가족만큼 나의 존재를 잘 아는 사람은 없습니다. 하나님의 백성은 가정에서 하나님의 뜻대로 살며 가정 천국을 이뤄갑니다.

나아가 하나님의 나라는 이 사회를 향합니다. 하나님의 거룩한 통치는 그리스도인을 통해 구체적인 정치, 경제, 문화 현실에

성취됩니다. 하나님의 백성은 자기 직업 현장을 포함한 삶의 모든 영역에서 하나님의 다스림에 순종하여 정직하고 성실하게 살아가며 하나님 나라를 이뤄 갑니다. 그리스도인은 사회 도처에 도사리고 있는 죄악 권세에 저항하며 순교를 감수하고 자기 삶의 범위만큼 하나님 나라를 넓혀 갑니다.

하나님 나라는 이 땅에 임하는 나라입니다. 하나님 나라의 백성은 그분의 선하신 뜻에 순종하여 개인의 심령 속에, 교회 공동체 안에, 이 세상 곳곳에 하나님 나라를 세워 갑니다. 하나님 나라를 표현하는 다른 단어가 있습니다. 그것은 영생입니다.

2) 영생

영생은 영원한 생명입니다. 영원은 '끝없이 이어진다'는 뜻입니다. 그런데 육신의 생명은 언젠가는 반드시 죽음으로 끝납니다. 그리스도인도 언젠가는 죽습니다. 그런데 어떻게 영생이라는 말이 가능한가요?

영생, 즉 영원한 생명에서 '생명'은 육체만 말하는 것이 아닙니다. 육체는 인간의 일부분일 뿐입니다. 성경이 말하는 생명은 인간을 구성하는 영, 육, 혼 모두를 포괄하는 '영혼'의 생명을 뜻하며, 육체의 죽음 이후에도 생명은 지속됩니다.

옛 청교도는 이런 말을 남겼습니다. "한 번 태어나면 두 번 죽

고, 두 번 태어나면 한 번 죽는다." 육체의 탄생만 경험하고 영혼의 거듭남을 경험하지 못한 자는 육체의 죽음 다음에 영혼의 죽음인 형벌이 기다립니다. 하지만 육체의 탄생과 영혼의 거듭남을 모두 경험한 자는 육체의 죽음 다음에 더 이상 죽음이 없고 영생한다는 뜻입니다. 그러면 영생이란 구체적으로 무슨 뜻인가요?

첫째, 영생은 현세와 내세의 통합입니다. 보통 영생이라 하면 내세를 생각하는데, 틀린 말은 아니지만, 불완전한 말입니다. 영생은 언제 시작할까요? 육체의 죽음 다음이 영생의 시작인가요? 아닙니다. 영생의 시작은 예수 그리스도를 구주로 믿고 거듭난 순간부터입니다. 영생의 시작 장소는 내세가 아니라 현세입니다.

> 하나님이 세상을 이처럼 사랑하사 독생자를 주셨으니 이는 그를 믿는 자마다 멸망하지 않고 영생을 얻게 하려 하심이라.
>
> (요한복음 3장 16절)

예수를 믿는 자의 영생의 삶은 지금 살고 있는 이 세상에서 시작합니다. 그러므로 이 세상이 바로 영생을 누리기 시작하는 곳입니다. 이 세상에서 누리는 영생이 죽음이라는 커튼을 통과해서 다음 세상에서도 계속 영원히 이뤄지는 것입니다.

둘째, 영생은 하나님의 통치입니다. 영생은 하나님과 함께 하는 삶이며, 하나님과 동행하는 생명입니다. 하나님께서 왕이시고, 인간이 그분의 뜻에 순종하는 백성으로 사는 삶이 영생입니다. 영생은 예수 그리스도를 통한 하나님의 다스림과 관계있습니다.

> 예수께서 이 말씀을 하시고 눈을 들어 하늘을 우러러 이르시되 아버지여 때가 이르렀사오니 아들을 영화롭게 하사 아들로 아버지를 영화롭게 하게 하옵소서 아버지께서 아들에게 주신 모든 사람에게 영생을 주게 하시려고 만민을 다스리는 권세를 아들에게 주셨음이로소이다 영생은 곧 유일하신 참 하나님과 그가 보내신 자 예수 그리스도를 아는 것이니이다.
>
> (요한복음 17장 1-3절)

영생은 예수 그리스도를 아는 것입니다. 성경에서 '안다'는 말은 단순한 지식을 넘어서 '매우 친밀함'을 뜻합니다. 예수 그리스도와의 친밀한 교제 속에서 하나님의 통치에 순종하며 기쁘고 행복하게 사는 하나님 나라의 삶이 바로 영생입니다.

셋째, 영생은 복된 삶입니다. 영생은 삶의 질과 관계있습니다. 단지 육체에 숨이 남아 있다고 해서 사는 것이 아니라, 인간이 인간답게 살 때 비로소 '산다'고 할 수 있습니다. 차라리 죽는 게

나은 삶, 인간답지 못하게 고통받으며 치욕 속에서 지옥 같은 삶은 하나님께서 의도하신 진정한 삶이 아닙니다.

영생은 인간이 인간답게 복되게 사는 삶입니다. 복된 삶에서 '복'은 세속적인 개념이 아닙니다. 경쟁에서 승리하려는 교만과 하나님의 빈자리를 물질로 채우려는 사치를 부리는 탐욕은 복이 아닙니다. 하나님으로부터 물질적으로 영적으로 충분한 공급을 누리며 사는 삶이 영생이요 하나님 나라입니다.

복된 삶은 하나님의 다스림 안에 사는 삶입니다. 생각해 보십시오. 어린 자녀에게 있어 복된 삶이란 무엇일까요? 부모의 보호 안에서 부모의 공급을 받으며 부모에게 순종하는 삶입니다. 영생 즉 하나님 나라도 마찬가지입니다. 인간에게 있어 복된 삶이란 하나님의 보호 안에서 하나님의 공급을 받으며 하나님께 순종하는 삶, 바로 사랑이 넘치는 삶입니다.

3) 사랑

하나님 나라는 사랑이 넘치는 나라입니다. 사랑이신 하나님께서는 사랑을 나누시려고 인간을 창조하셨기에 인간은 사랑 없이 살 수 없습니다. 누군가를 사랑하고 누군가에게 사랑을 받아야만 살 수 있는 존재가 바로 인간이기에, 사랑하지 못할 때 인간은 죽음까지 이르는 심각한 고통을 느낍니다. 인간은 원래 사

랑을 나누도록 창조되었습니다.

사랑은 마치 사진 촬영을 닮았습니다. 사진을 찍으려면 기본적으로 사진사, 피사체, 그리고 사진기, 이 세 가지가 있어야 합니다. 그런데 이 구조에서는 사진 찍는 사람은 사진에 나올 수 없습니다. 사진사는 희생을 감수하고 사진을 찍는 헌신을 하지만, 사진을 찍는 기쁨과 사진에 찍힌 사람이 누리는 기쁨으로 인해 남의 사진을 찍어 주는 일을 계속 합니다. 그런데 그런 기쁨에 만족하지 못하는 사람도 있습니다. 사진에 자기가 꼭 나와야 기쁨을 누리는 사람이 있습니다. 그래서 나온 것이 셀카입니다. 셀카는 사진 촬영의 기본 구조에서 일종의 반칙입니다.

사랑의 구성 요소도 세 가지입니다. 사랑하는 자, 사랑받는 자, 그리고 그 사이를 오가는 사랑입니다. 사랑에는 희생과 헌신이 따릅니다. 자기 사랑은 자기를 향할 수 없습니다. 사랑 주는 기쁨과 사랑받는 자의 기쁨이 바로 사랑하는 자의 기쁨입니다. 그런데 그 기쁨에 만족하지 못하는 사람도 있습니다. 자기 사랑을 자기가 받아야 직성이 풀리는 사람이 있습니다. 그래서 나온 것이 바로 자기 사랑, 이기적인 사랑입니다. 자기애는 사랑이 타락한 결과입니다.

사랑의 구조를 회복하는 것이 하나님 나라입니다. 하나님을 사랑하고 이웃을 사랑하는 삶이 하나님 나라입니다. 하나님과 타인을 위하여 자기를 희생하고 헌신하는 사람들의 나라가 바로

하나님 나라입니다.

> 네 마음을 다하며 목숨을 다하며 힘을 다하며 뜻을 다하여 주 너의 하나님을 사랑하고 또한 네 이웃을 네 자신같이 사랑하라. (누가복음 10장 27절)

자기 자신을 사랑하듯이 이웃을 사랑해야 합니다. 모든 인간은 하나님의 사랑으로 인한 창조의 결과입니다. 하나님의 사랑이 있었기에 탄생했고 생존할 수 있습니다. 그 사랑을 입은 자는 그 사랑에 기뻐해야 하고, 그 사랑은 전달되어야 합니다. 마치 물처럼 사랑도 고여 있으면 썩어 버리기에 이웃에게, 온 세상에 전달되어야 합니다. 사랑의 나라, 하나님 나라를 세 가지로 설명할 수 있습니다.

첫째, 하나님 나라는 사랑을 '받는' 나라입니다. 식물과 동물을 입히고 먹이시는 하나님께서는 자기 형상으로 지음 받은 인간의 생명을 보호하시고 필요를 공급하십니다. 자연의 순리 속에서 하나님의 사랑을 느낍니다. 하나님의 사랑은 예수 그리스도를 보내어 구원을 베풀어 주시는 사랑입니다. 믿음의 공동체는 하나님께 예배하며 경배와 찬양을 통해 그 사랑에 감사합니다. 그리고 하나님의 사랑은 서로를 돌보는 섬김을 통해 흘러넘칩니다.

둘째, 하나님 나라는 사랑을 '나누는' 나라입니다. 자기 곁에 있는 이웃은 돌보지 않으면서 보이지 않는 하나님을 사랑한다는 말은 거짓말입니다. 하나님 사랑은 반드시 이웃 사랑으로 이어집니다. 하나님 사랑과 이웃 사랑은 한 가지입니다. 하나님의 사랑은 반드시 이웃에게 흘러넘쳐 불신자에게 복음을 전파하고 가난한 자를 돌봅니다.

셋째, 하나님 나라는 사랑이 '넘치는' 세상입니다. 하나님의 사랑을 받고 공동체와 나누는 사랑은 밖으로 세상으로 흘러넘칩니다. 넘쳐흐르는 사랑을 통해 하늘에서 이뤄진 하나님의 뜻이 이 땅에 이뤄지게 됩니다. 하나님의 사랑이 이 땅으로 넘쳐흐르면 우리 사는 현실에 하나님 나라를 향한 변화가 나타납니다. 하나님 나라가 이루어지는 세상은 어떤 세상인가요?

하나님 나라는 정의의 나라입니다. 정의는 하나님과 이웃과의 올바른 관계, 즉 사랑입니다. 정의의 반대말은 불의이며, 그 결과는 약자를 향한 폭력입니다. 약자를 옹호하고 돌보는 것이 정의입니다. 정의로운 하나님 나라에서 약자는 보호와 돌봄 속에서 행복을 누립니다.

하나님 나라는 평화의 나라입니다. 세상의 모든 인간은 의견과 관심이 다르기에 마찰과 충돌을 피할 수는 없습니다. 충돌을 해결하는 죄악 세상의 방법은 폭력인데, 폭력은 보복을 통해 증폭됩니다. 충돌의 문제를 폭력이 아닌 용서로 해결하는 것이 평

화입니다. 충돌한 두 존재 사이에서 화해자의 역할을 감당하는 것이 평화입니다.

하나님 나라는 생명의 나라입니다. 생명이란 하나님의 창조 섭리에 대한 보전을 뜻합니다. 세상에 죽어 마땅한 생명은 없습니다. 아무리 연약해도, 아무리 죄인이어도, 아무리 천박해도 그 생명의 주인은 하나님입니다. 하나님께서 지으신 생명을 인간이 함부로 죽일 수 없습니다.

정의, 평화, 생명이 넘치는 세상, 하나님의 사랑이 가득한 세상, 하나님의 뜻이 이뤄지는 세상이 바로 하나님 나라입니다. 죄인이 하나님 나라 백성이 되려면 반드시 거쳐야 하는 단계가 있습니다. 죄악 세상이 하나님의 나라로 변화하려면 반드시 필요한 조건이 있습니다. 그것은 회개입니다.

4) 회개

> 하나님의 나라가 가까이 왔으니 회개하고 복음을 믿으라.
>
> (마가복음 1장 15절)

하나님 나라의 전제 조건은 회개입니다. 회개는 방향 전환, 즉 반대 방향으로 가는 것입니다. 죄악을 향해, 지옥을 향해 달려가던 방향을 꺾어서 하나님을 향하여, 천국을 향해 가는 유턴이

회개입니다. 회개는 후회가 아니라 변화입니다. 회개는 시선을 돌리는 것이 아니라 발길을 돌리는 것입니다. 회개는 생각이 아니라 실천입니다. 어떻게 회개를 삶에서 실천할까요?

첫째로, 회개하려면 포기해야 합니다. 잘못된 길에 들어섰다고 깨달았다면 가던 길을 포기해야 합니다. 계속 그 길을 고수하면 절대로 바른 길로 갈 수 없습니다. 이미 지출해서 회수할 수 없는 인생의 매몰비용이 크더라도 손해를 감수하고 포기해야 합니다. 그동안 궁극의 가치라 여겼던 헛된 것들을 버립시다. 예수가 성전을 온전하게 하기 위해 불필요한 것들을 버렸듯이 내 자신을 비우고 나쁜 습관을 바꿉시다. 썩어져 가는 구습을 좇던 옛 사람을 벗어 버립시다.

둘째로, 포기했다면 이제 바른 선택을 합시다. 버렸다면 이제 하나님께서 기뻐하시는 습관, 거룩한 삶의 루틴으로 내 삶을 채웁시다. 나는 과연 무엇에서 기쁨을 누리는가? 그 대답이 바로 자기 존재의 실상을 폭로합니다. 하나님의 기쁨이 나의 기쁨이 되도록 노력합시다. 세상 오락보다 말씀에서, 육체적 쾌락보다 기도에서, 이기적 성공보다 성도의 교제에서, 사업의 성취보다 복음의 전파에서 기쁨을 누리도록 자기 자신을 길들입시다. 새로운 기쁨, 참다운 기쁨, 나를 구원하는 기쁨을 누리는 선택, 그것이 회개입니다.

셋째로, 회개한 사람에게는 변화가 나타납니다. 말씀을 가까

이하며 하나님의 임재를 느낍니다. 기도를 자주하니 하나님과의 교제가 깊어집니다. 약한 자를 돌아보니 긍휼의 마음이 더욱 더 커집니다. 영혼을 구원하는 복음 전도자의 삶을 살면 인생에 새로운 보람이 생깁니다. 동터 오는 하나님 나라의 눈부신 햇살 앞에서 따스함과 상쾌함을 느끼는 새로운 삶이 시작됩니다.

각 개인들에게 일어난 포기와 선택과 변화의 회개는 사회적인 결과를 만듭니다. 삶의 목표를 하나님께 향하고 나쁜 습관을 포기한 사람들이 모이면 세상이 밝아집니다. 자기 사랑이 아닌 이웃 사랑을 선택한 사람들은 자기 유익이 아닌 가난한 자의 유익을 위해 투표합니다. 변화되어 하나님 나라를 경험한 사람들이 만들어 가는 세상은 하나님의 뜻이 충만한 약자를 위한 정의, 폭력이 아닌 평화, 죽음이 아닌 생명이 넘치는 사회입니다.

러시아 블라디보스토크에 단기 선교 여행을 가서 예배를 드린 적이 있습니다. 절반은 러시아인, 절반은 한국인이 모여 같은 찬양을 각자 자기 나라 말로 번갈아 부르며 큰 감동을 받았습니다. 그리고 제가 두 나라 사람들 앞에서 설교했습니다. 한국어 설교를 저의 제자 출신인 러시아 동포 목사가 통역했습니다. 저는 이렇게 설교했습니다.

여기 두 나라 사람이 모였습니다. 그런데 왜 우리는 함께 예배를 드릴까요? 우리는 같은 나라 사람이기 때문입니다. 그 나라는 하나님 나라입니다. 우리는 언어는 달라도, 생김새는 달라도, 문화는 달라도 같은 사랑을 느낍니다. 우리는 같은 나라 사람입니다. 하나님의 사랑안에서 순종하며 사는 하나님 나라 사람입니다.

하나님 나라는 하나님의 뜻이 각 영혼에, 교회 공동체에, 사회 구석구석에 이뤄지는 나라입니다. 하나님 나라는 예수를 믿고 거듭난 자들이 하나님의 다스림에 순종하며 살아가는 복된 영생의 삶입니다. 하나님 나라는 하나님의 사랑을 받고 전하고 누리는 나라입니다. 하나님 나라는 죄악을 포기하고 하나님을 선택하여 세상에 변화가 나타나는 나라입니다. 하나님 나라를 살아갑시다. 지금 여기 우리 함께.

11. 누가 천국에 가는가? 

천국이란 무엇인지 살펴보았습니다. 하나님 나라는 이 땅에 이루어지는 나라입니다. 하나님의 사랑을 받고, 하나님을 사랑하는 나라입니다. 하나님께서 기대하신 참 생명, 영원한 생명이 넘치는 나라입니다.

천국은 누구의 것일까요? 하나님 나라를 누릴 자들은 누구일까요? 우리는 회개한 자가 하나님 나라를 누린다는 것을 알아보았습니다. 살펴본 대로 회개란 죄악 된 구습을 포기하고 하나님을 선택하여 인생의 변화를 체험하는 것입니다. 그런데 회개하면 어떤 일이 일어나나요? 이제 한 걸음 더 들어가 봅시다.

누가 천국에 갈까요? 어떤 사람이 하나님 나라의 백성인가요? 그는 거듭난 자, 어린아이와 같이 순수한 믿음을 가진 자, 자기 것을 포기한 가난한 자, 하나님의 의를 이루려는 정의로운 자입니다.

1) 거듭난 자

하나님 나라는 거듭난 자의 나라입니다. 그런데 거듭남이란 무엇인가요? 어떻게 거듭날 수 있나요? 예수는 그 대답을 바리새인이며 유대 지도자인 니고데모에게 말했습니다.

> 예수께서 대답하여 이르시되 진실로 진실로 네게 이르노니 사람이 거듭나지 아니하면 하나님의 나라를 볼 수 없느니라 니고데모가 이르되 사람이 늙으면 어떻게 날 수 있사옵나이까 두 번째 모태에 들어갔다가 날 수 있사옵나이까 예수께서 대답하시되 진실로 진실로 네게 이르노니 사람이 물과 성령으로 나지 아니하면 하나님의 나라에 들어갈 수 없느니라.
>
> (요한복음 3장 3-5절)

거듭남이란 물과 성령으로 태어나는 탄생입니다. "물과 성령으로 난다"는 말씀에 대해 두 가지 해석이 있습니다. 첫 번째, "물"은 육신의 출생이고 "성령"은 영혼의 출생이라는 해석입니다. 육체는 양수로 가득 찬 자궁에서 태어나기에 이것이 물로 나는 것입니다. 성령으로 나는 것은 예수를 믿고 죄악으로부터 탈출하는 성령의 역사입니다.

두 번째 해석은 "물"은 물세례이고 "성령"은 성령세례라는 것입

니다. 예수를 믿고 물로 세례받고 교회의 일원이 되는 것이 물세례입니다. 성령세례에 대해서는 다시 두 가지 해석이 있습니다. 물세례 받을 때 성령세례가 함께 일어난다는 해석과 물세례 이후 어느 시점에 성령세례를 또 받아야 한다는 해석입니다. 두 번째 해석은 오순절 은사주의가 선호하는 해석입니다.

저는 첫 번째 해석을 선호합니다. 왜냐면 성경에 물세례와 성령세례가 동시에 나타나기 때문입니다. 에티오피아 내시의 경우에는 예수의 세례처럼 물세례 직후에 성령강림이 있었습니다. 하지만 고넬료의 경우에는 성령강림 직후에 물세례가 있었습니다(행 10:44-48). 그러므로 무엇이 먼저라기보다는 동시에 일어난다고 보는 편이 자연스럽습니다. 요란한 부흥회에서 경험하는 성령강림뿐만 아니라 경건한 세례식에서 거행하는 물세례 또한 성령의 역사입니다.

물과 성령으로 거듭나면 어떤 일이 일어나나요? 거듭남은 어떤 현상으로 나타나요? 거듭남의 결과는 무엇인가요? 예수의 두 아들 비유를 통해 그 답을 찾아봅시다.

> 어떤 사람에게 두 아들이 있는데 맏아들에게 가서 이르되 얘 오늘 포도원에 가서 일하라 하니 대답하여 이르되 아버지 가겠나이다 하더니 가지 아니하고 둘째 아들에게 가서 또 그와 같이 말하니 대답하여 이르되 싫소이다 하였다가 그 후에 뉘

우치고 갔으니 그 둘 중의 누가 아버지의 뜻대로 하였느냐 이르되 둘째 아들이니이다 예수께서 그들에게 이르시되 내가 진실로 너희에게 이르노니 세리들과 창녀들이 너희보다 먼저 하나님의 나라에 들어가리라. (마태복음 21장 28-31절)

맏아들은 불순종하는 유대인을, 둘째 아들은 회개한 세리와 창녀를 상징합니다. 유대인은 하나님의 말씀을 먼저 받았으나 실천하지는 않았습니다. 반면 세리와 창녀, 즉 유대인에게 배척당하던 죄인은 처음에는 거부했으나 결국에는 순종했습니다. 세리와 창녀가 하나님 나라에 들어가게 된 계기는 무엇인가요?

하나님 나라에 들어가기 위한 거듭남의 현상과 결과는 뉘우치는 회개와 아버지의 뜻대로 하는 순종입니다. 거듭난 자는 회개하고 순종합니다. 자기의 죄인 됨을 깨닫고 하나님의 뜻을 따릅니다. 거듭난 자의 삶에서는 하나님의 뜻을 저버렸던 과거를 반성하고 돌이켜서 지금이라도 하나님께서 기뻐하시는 삶을 살려는 노력이 나타납니다.

하나님 나라는 거듭난 자의 나라입니다. 세례받고 성령으로 거듭난 자의 나라입니다. 죄악 세상의 삶을 뉘우쳐 회개하고, 하나님 아버지의 뜻을 따르겠다고 결단하고 순종하는 사람이 하나님 나라를 맛볼 수 있습니다.

2) 어린아이

거듭난 자는 어떤 사람인가요? 거듭난 자에게 나타나는 특징이 있습니다. 그 특징 중 하나는 어린아이 같은 모습입니다. 예수는 어린아이를 들어 하나님 나라를 소유할 사람의 모습을 보여 주었습니다.

> 사람들이 예수께서 만져 주심을 바라고 어린아이들을 데리고 오매 제자들이 꾸짖거늘 예수께서 보시고 노하시어 이르시되 어린아이들이 내게 오는 것을 용납하고 금하지 말라 하나님의 나라가 이런 자의 것이니라 내가 진실로 너희에게 이르노니 누구든지 하나님의 나라를 어린아이와 같이 받들지 않는 자는 결단코 그곳에 들어가지 못하리라.
>
> (마가복음 10장 13-15절)

제자들은 왜 어린아이들을 데려오는 사람들을 꾸짖었을까요? 현대사회에서는 어린이를 소중하게 여기지만 고대사회에서는 그렇지 않았습니다. 어린아이를 대수롭지 않게 여겼습니다. 아이는 천대받았고 환영받지 못했던 존재였습니다.

예수는 하나님 나라를 어린아이와 같은 자의 것이라고 말했습니다. 왜 그렇게 말했을까요? 어떤 사람은 어린이는 죄가 없기

때문이라고, 죄를 지을 기회를 어른보다 덜 가졌기에 천국에 갈 가능성이 높다고 합니다. 그럴 수도 있습니다만 저는 그다지 동의하지 않습니다. 어린이와 하나님 나라의 관계에 대해서 세 가지를 말할 수 있습니다.

첫째, 어린이는 무능합니다. 당시 유대인들은 어떤 사람이 하나님 나라를 소유할 자라고 생각했을까요? 율법을 잘 지켜 종교 업적을 쌓아야 천국을 차지할 수 있다고 믿었습니다. 율법을 잘 지키려면 조건과 능력을 갖춰야 합니다. 지식 능력이 있어서 율법을 알아야 율법을 지킬 수 있습니다. 경제 능력이 있어야 제물도 바칠 수 있습니다. 건강해야 성전까지 걸어올 수 있습니다. 어린이는 그럴 처지가 못 되었습니다. 율법으로 공로를 쌓을 조건과 능력을 갖추지 못한 약점 때문에 당시 사람들은 어린이는 하나님 나라에 가기 힘들다고 생각했습니다. 그런데 역설적으로 이런 무능함이 하나님 나라에 들어갈 좋은 조건을 만듭니다. 그것은 의존입니다.

둘째, 어린이는 의존합니다. 자기 능력이 없기 때문에 부모와 가족에게 의존합니다. 공적을 쌓아서 하나님 나라에 갈 수 없기에 하나님의 은혜에 전적으로 의존합니다. 어린아이는 하나님께서 베푸시는 은혜의 선물을 받는 데 의존하는 존재입니다. 어린이는 하나님께 전적으로 의존할 수 있는 의존의 능력이 있습니다. 반면 어른은 스스로 할 수 있다고, 혼자 해야 한다고 생각하

기에 의존의 능력이 없습니다. 하나님을 향한 비의존성과 자기 독립성이 바로 죄의 출발이요 과정입니다. 어린이는 연약하기 때문에 의존해야 하고, 의존하기 때문에 하나님 나라를 차지할 수 있습니다.

셋째, 어린이는 믿음이 있습니다. 무능함과 의존함의 결과는 믿음입니다. 스스로 잘 안다고 자부하는 어른은 다른 사람의 말을 잘 듣지 않고, 자기 확신에 차 있고, 자기 자신을 믿습니다. 하지만 어린이는 스스로를 믿을 수 없습니다. 모르는 것과 할 수 없는 것투성이기 때문입니다. 그래서 부모에게 의존하고 하나님을 의지합니다.

믿음이란 받기 위해 벌린 빈손과 같습니다. 자기 한계를 인정하고 순수하게 받아들이는 믿음이 바로 하나님 나라의 열쇠입니다. 예수에 대한 믿음 있는 자는 예수를 따라가고, 예수를 따르는 것이 구원이요 하나님 나라입니다.

> 예수께서 이르시되 가라 네 믿음이 너를 구원하였느니라 하시니 그가 곧 보게 되어 예수를 길에서 따르니라.
>
> (마가복음 10장 52절)

하나님 나라는 어린아이 같은 순수한 믿음을 가진 자의 나라입니다. 죄인 된 인간이 자기 공적으로 스스로를 구원할 수 없

음을 시인하고, 전적으로 하나님을 의지하고, 예수를 믿고 따르는 자가 바로 하나님 나라를 차지할 어린아이 같은 자입니다. 어린이와 비슷한 사람이 있습니다. 그는 바로 가난한 자입니다.

3) 가난한 자

예수 가르침의 정수는 산상수훈입니다. 마태복음 5~7장에 나오는 산상 설교에 예수가 가르친 내용의 핵심이 담겨 있다고 신학자들과 설교자들은 입을 모읍니다. 산상수훈의 처음은 이렇게 시작합니다.

> 심령이 가난한 자는 복이 있나니 천국이 그들의 것임이요.
> (마태복음 5장 3절)

심령이 가난한 자는 마음이 가난한 사람입니다. 마음이 가난한 자는 어떤 사람일까요? 누가복음에도 비슷한 본문이 있습니다. 여기에서는 마태복음과는 조금 다르게 "심령"이 생략된 채 "가난한 자"만 등장합니다.

> 너희 가난한 자는 복이 있나니 하나님의 나라가 너희 것임이요. (누가복음 6장 20절)

가난이란 가득 차 있지 않고 텅 빈 상태를 말합니다. 경제적으로 궁핍하여 가진 것이 없어 지갑이 텅 빈 사람이 가난한 자입니다. 마음속을 채우고 있는 자기 확신이 텅 빈 사람입니다. 어린이와 마찬가지로 율법의 공적을 쌓아 스스로를 구원할 능력이 없는 사람입니다. 그렇기에 하나님을 의존할 수밖에 없고 예수가 여는 새 시대를 위해 자기를 포기할 수 있는 자가 가난한 자입니다. 그렇기 때문에 가난한 사람이 천국을 차지하게 됩니다. 그렇다면 부자는 어떻게 될까요?

어떤 관리가 예수를 찾아와서 무엇을 해야 영생을 얻을 수 있는지 물었습니다. 예수는 계명을 지키라고 했습니다. 그는 어려서부터 다 지키고 있다고 말하자, 예수는 다른 요구를 했습니다.

> 예수께서 이 말을 들으시고 이르시되 네게 아직도 한 가지 부족한 것이 있으니 네게 있는 것을 다 팔아 가난한 자들에게 나눠 주라 그리하면 하늘에서 네게 보화가 있으리라 그리고 와서 나를 따르라 하시니 그 사람이 큰 부자이므로 이 말씀을 듣고 심히 근심하더라 예수께서 그를 보시고 이르시되 재물이 있는 자는 하나님의 나라에 들어가기가 얼마나 어려운지 낙타가 바늘귀로 들어가는 것이 부자가 하나님의 나라에 들어가는 것보다 쉬우니라. (누가복음 18장 22-25절)

예수는 자기 소유를 모두 가난한 사람들에게 나눠 주라고, 그래야 하늘에서 상급이 있다고 가르쳤습니다. 그러자 관리는 근심에 빠졌습니다. 그는 큰 부자였기 때문입니다. 그때 예수는 놀라운 말씀을 합니다. 재물이 있는 자는 하나님 나라에 들어가기 어렵다고 말입니다. 낙타가 바늘귀에 들어가는 것보다 부자가 하나님 나라에 들어가는 것이 더 어렵다고 말했습니다.

왜 그럴까요? 당시 관리는 지금의 공무원과 비슷합니다. 지금 우리나라는 법으로 고위 공직자가 재산 공개를 하도록 정해 놨습니다. 왜 그럴까요? 만일 공무원이 부자라면 혹시 직권을 남용해서 부정한 방법으로 부를 축적했는지 확인해 봐야 하기 때문입니다. 당시에도 비슷했습니다. 관리가 부자라면 의심해 볼 만 합니다. 로마 식민지 치하에서 관리가 부자라면 동족을 착취한 결과일 가능성이 높습니다.

지금도 그렇습니다. 예외가 전혀 없는 것은 아니지만, 정직하고 성실하게 노력해서 부자가 되기는 쉽지 않습니다. 합법을 가장한 불법을 통하지 않고는 부자가 되기 힘듭니다. 죄악 세상이 합법이라고 말해도 하나님의 공평과 정의의 법을 위반하면 그것은 불법입니다. 그렇기 때문에 부자는 하나님 나라에 가기가 대단히 어렵습니다. 계명을 다 지켜도 재산을 나눠 주지 않으면 구원을 얻지 못한다는 예수의 말에 사람들이 이렇게 받아쳤습니다.

듣는 자들이 이르되 그런즉 누가 구원을 얻을 수 있나이까 이르시되 무릇 사람이 할 수 없는 것을 하나님은 하실 수 있느니라. (누가복음 18장 26-27절)

결국 이 본문의 결론은 부자는 하나님 나라에 못 간다는 말이 아닙니다. 하나님의 능력으로 가능하다는 말입니다. 어떻게 가능한가요? 부자가 하나님의 능력으로 구원받을 수 있다는 것을 뒤이어 나오는 삭개오 이야기가 보여 줍니다.

삭개오라 이름하는 자가 있으니 세리장이요 또한 부자라 … 삭개오가 서서 주께 여짜오되 주여 보시옵소서 내 소유의 절반을 가난한 자들에게 주겠사오며 만일 누구의 것을 속여 빼앗은 일이 있으면 네 갑절이나 갚겠나이다 예수께서 이르시되 오늘 구원이 이 집에 이르렀으니 이 사람도 아브라함의 자손임이로다. (누가복음 19장 2-9절)

삭개오는 세리장입니다. 지금으로 말하면 세무서장쯤 될 겁니다. 당시 세금의 목적은 로마에게 바치는 상납이고, 세리는 세금 징수 대행업자입니다. 우리나라 식으로 말하면 세리는 일제강점기의 친일파 앞잡이 정도됩니다. 세리는 대개 부자였습니다. 부자 삭개오는 구원받았습니다. 어떻게 가능했나요? 가난해졌기

때문입니다. 재산 절반을 가난한 자들을 위해 포기했고, 속여 빼앗은 것은 네 배로 보상했습니다. 그렇게 삭개오는 가난한 자가 되었고 대신 하나님 나라를 얻었습니다.

이런 질문이 떠오릅니다. 가난이 자랑인가요? 가난하다고 구원받을 수 있으면 세상 모든 거지들은 하나님 안 믿어도 예수를 부인해도 죄를 짓고 악하게 살아도 구원을 받나요? 물론 그렇지 않습니다. 무조건 가난하다고 구원받는 게 아닙니다. 그 비밀은 이렇습니다.

> 내 사랑하는 형제들아 들을지어다 하나님이 세상에서 가난한 자를 택하사 믿음에 부요하게 하시고 또 자기를 사랑하는 자들에게 약속하신 나라를 상속으로 받게 하지 아니하셨느냐. (야고보서 2장 5절)

가난은 믿음을 가져옵니다. 가진 것 없는 자가 하나님께 의존합니다. 죽을병에 걸린 자라야 하나님께 기적의 은혜를 간구합니다. 비빌 언덕 없는 사람만이 하나님을 철저하게 의지합니다. 물질적 가난과 마음의 가난을 통하여 믿음의 부를 이룬 자가 하나님 나라를 상속받습니다.

구원의 조건은 믿음인데 가난은 믿음을 일으키는 중요한 계기가 됩니다. 가난은 믿음을 불러오고, 믿음은 구원을 가져옵니

다. 인생의 한계 상황에서 건강의 가난, 경제적 가난, 인간관계의 가난이 찾아오면 교만한 사람도 하나님 앞에 무릎을 꿇습니다.

결국 하나님 나라는 가난한 부자와 부유한 빈자의 나라입니다. 부자는 자기 재물을 가난한 자에게 계속 나눠 주어, 스스로가 너무 부유해서 돈을 의지하고 하나님을 멀리할 수 없도록 만들어야 합니다. 돈이 너무 많아서 돈의 노예가 되지 않도록 해야 합니다. 지속적인 기부와 헌금이 방법입니다.

가난한 자는 재물의 부가 아닌 믿음의 부를 위해 노력해야 합니다. 돈이 없어도 하나님만 있으면 된다는 믿음이 중요합니다. 궁핍해서 힘들 때마다 공중 나는 새도 먹이시는 하나님께서 나를 먹이시지 않으랴는 믿음을 가져야 합니다. 빈궁할 때마다 하늘에서 내리시는 만나를 기대해야 합니다. 돈이 너무 없어서 돈의 노예가 되지 않도록 해야 합니다. 감사와 만족이 중요합니다. 바울이 모든 것을 할 수 있었던 비결을 깨달아야 합니다.

> 내가 궁핍하므로 말하는 것이 아니니라 어떠한 형편에든지 나는 자족하기를 배웠노니 나는 비천에 처할 줄도 알고 풍부에 처할 줄도 알아 모든 일 곧 배부름과 배고픔과 풍부와 궁핍에도 처할 줄 아는 일체의 비결을 배웠노라 내게 능력 주시는 자 안에서 내가 모든 것을 할 수 있느니라.
>
> (빌립보서 4장 11-13절)

가난한 자는 천국을 차지합니다. 의지할 곳 없어 오로지 하나님만 믿고 의지하기 때문입니다. 부자는 돈을 포기해야만 하나님을 믿고 의지할 수 있습니다. 가난하든 부유하든 돈이 아닌 하나님을 인생의 주인 삼아야 하나님 나라에 갈 수 있습니다. 경제의 문제는 정의의 문제와 직결됩니다.

4) 정의

하나님 나라를 얻으려면 의로운 자여야 합니다. 의로움이란 올바른 관계 맺음입니다. 하나님과 이웃과 관계를 잘 맺는 것이 의로움입니다. 그러므로 의로움은 사랑과 직결됩니다. 하나님을 사랑하고 이웃을 사랑하는 자가 의로운 자이고 하나님 나라를 차지합니다.

> 내가 너희에게 이르노니 너희 의가 서기관과 바리새인보다 더 낫지 못하면 결코 천국에 들어가지 못하리라.
>
> (마태복음 5장 20절)

당시 유대 사회는 서기관과 바리새인을 의로운 자라고 공인했습니다. 율법 규정을 잘 지켜 선한 공적을 많이 쌓아서 하나님 나라에 가까운 자라고 평가했습니다. 제자들은 예수를 율법을 부

정하는 분으로 착각해서 율법의 의를 우습게 여길 수 있었기에, 예수는 의로움의 중요성을 말하기 위해 서기관과 바리새인을 언급했습니다. 그렇다면 의로움은 구체적으로 무엇일까요?

> 나더러 주여 주여 하는 자마다 다 천국에 들어갈 것이 아니요 다만 하늘에 계신 내 아버지의 뜻대로 행하는 자라야 들어가리라. (마태복음 7장 21절)

의로움은 하나님 아버지의 뜻대로 행함입니다. 아무리 예수를 주님으로 섬긴다고 말하더라도 하나님의 뜻을 행하지 않으면 소용이 없습니다. 말함이 아닌 행함으로 천국을 얻습니다. 하나님께서 기뻐하시는 일을 하고 슬퍼하시는 일을 하지 않아야 의로운 자입니다.

> 불의한 자가 하나님의 나라를 유업으로 받지 못할 줄을 알지 못하느냐 미혹을 받지 말라 음행하는 자나 우상 숭배하는 자나 간음하는 자나 탐색하는 자나 남색하는 자나 도적이나 탐욕을 부리는 자나 술 취하는 자나 모욕하는 자나 속여 빼앗는 자들은 하나님의 나라를 유업으로 받지 못하리라.
> (고린도전서 6장 9-10절)

의의 반대는 불의입니다. 불의한 자는 하나님 나라에서 배제됩니다. 위에 언급된 범죄 목록은 당시 사회에서 당연시되던 행위였습니다. 다들 그렇게 하는 일이었습니다. 인간이 보편적으로 용납하는 일이라고 해서 하나님도 용납하시지는 않습니다. 인간 기준이 아닌 하나님 기준으로 사회를 바라보고 경계하며 행동하는 자가 하나님 나라를 차지합니다. 그런데 다들 하는데 혼자만 안 하는 사람은 어려움을 겪습니다.

> 제자들의 마음을 굳게 하여 이 믿음에 머물러 있으라 권하고 또 우리가 하나님의 나라에 들어가려면 많은 환난을 겪어야 할 것이라 하고. (사도행전 14장 22절)

불의한 세상에 타협하지 않는 사람은 환난을 겪습니다. 환난은 하나님 나라 입장권과 같습니다. 고난 없이 천국 없습니다. 죄악 세상과 타협하며 문제없이 지낸다면 그는 바로 죄인입니다. 죄악 세상과 비타협하며 문제를 일으키며 산다면 그는 바로 의인입니다.

> 이는 하나님의 공의로운 심판의 표요 너희로 하여금 하나님의 나라에 합당한 자로 여김을 받게 하려 함이니 그 나라를 위하여 너희가 또한 고난을 받느니라. (데살로니가후서 1장 5절)

하나님 나라로 가는 길에 고난은 당연합니다. 예수가 간 길이 바로 그 고난의 길이었습니다. 편하고 좋고 쉬운 길은 지옥으로 가는 길일 가능성이 큰 반면, 어렵고 불편하고 어려운 길은 천국으로 가는 길일 가능성이 큽니다.

> 의를 위하여 박해를 받은 자는 복이 있나니 천국이 그들의 것임이라. (마태복음 5장 10절)

하나님의 정의를 이루기 위해서 박해를 받을수록 천국이 가깝습니다. 세상의 불의에 저항하며 약한 자가 고통을 당하면 편들어 줘야 합니다. 다투는 사람이 있으면 화해의 중재자가 되고, 생명을 죽이는 행위를 중단하도록 앞장서야 합니다.

하나님 나라는 정의로운 자의 나라입니다. 하나님과 이웃을 사랑해야 천국에 갈 수 있습니다. 의를 행하기 위하여 실천하는 사람이 천국의 사람입니다. 일상에서 정의와 평화와 생명을 지켜가는 올바른 생활 습관을 가진 자의 나라가 하나님 나라입니다.

하나님 나라는 거듭나야 갈 수 있습니다. 세계관, 인생관, 가치관에 예수의 가치로 변혁을 경험한 자가 거듭난 자입니다. 하나님 나라는 어린아이 같은 자가 갈 수 있습니다. 자기의 죄인된 한계를 인정하고 하나님을 전적으로 의지해야 합니다. 하나

님 나라는 가난한 자의 나라입니다. 죄악을 비운 텅 빈 마음으로 재물이 아닌 하나님을 의지하는 자의 나라가 천국입니다. 하나님 나라는 의로운 자의 나라입니다. 하나님의 뜻인 정의와 평화와 생명을 실천하여 하나님 나라에 가기를 소망합니다.

12. 천국은 어떻게 이루어지는가?

천국은 하나님 나라입니다. 하나님 나라는 이 땅에 임하는 사랑이 넘치는 영생의 나라로서 회개해야 갈 수 있습니다. 하나님 나라는 거듭나서 자기를 포기하고 어린아이 같이 순수하며 정의로운 사람의 나라입니다. 이제 마지막 질문이 남았습니다. 천국은 어떻게 이 땅에 임할까요?

천국에 대한 오해가 있습니다. 하나님 나라는 이 세상과는 관계없는 내세라고 축소, 왜곡하는 잘못된 생각입니다. 하나님 나라는 이 땅에 임합니다. 하나님의 능력을 입은 교회 공동체가 이 세상에 하나님의 가치를 구현하며 실제적 변화를 일으키면서 임합니다.

1) 능력

하나님 나라는 인간의 능력으로 이뤄지지 않습니다. 하나님을 안 믿는 사람들 중에도 이 세상을 좋은 곳으로 만들려고 노력하는 이들이 많습니다. 역사를 살펴보면 더 나은 세상을 만들

기 위해 열심히 연구하고 자기를 희생하는 사람들의 노력은 계속 있었습니다.

지상 유토피아를 꿈꾸는 이상주의자와 하나님 나라를 이루려는 주님의 백성은 같은 부류인가요? 인간의 번영을 위해 경제를 발전시키고 약자의 인권을 신장시키려고 노력하는 혁명가와 그리스도인은 무엇이 다른가요?

그들은 인간의 능력을, 우리는 하나님의 능력을 신뢰합니다. 하나님 없는 지상 천국을 꿈꾸는 사람은 인간의 노력을 중요하게 생각합니다. 인간의 교육, 절제, 노력을 통해 이상 사회 건설이 가능하다고 여깁니다. 그러나 그리스도인은 거기에 동의하지 않습니다.

> 하나님의 나라는 말에 있지 아니하고 오직 능력에 있음이라.
>
> (고린도전서 4장 20절)

하나님의 나라는 하나님의 능력으로 이뤄집니다. 하나님의 형상으로 선하게 창조된 인간은 유혹에 빠져 범죄함으로 타락하여 스스로 선을 행할 능력이 없습니다. 타락으로 훼손된 하나님의 형상은 여전히 살아 있어 하나님을 갈구하고 양심이 외치는 정의의 소리를 듣고 이웃을 동정하기도 하지만, 죄악의 지배 아래 있기에 여전히 이기적이고 교만하고 탐욕을 추구합니다.

인간의 노력으로 좋은 세상을 이루지 못하는 사례를 공산주의 혁명의 실패에서 찾을 수 있습니다. 땅을 매개로 인간을 노예 삼는 봉건 질서를 몰아내는 혁명을 성공시켰지만 그 결과는 참담했습니다. 인간은 여전히 이기적이고 정치는 타락했습니다. 이론은 교조적으로 경직되었고 반대파는 숙청되었습니다. 백성은 굶주렸고 간부는 부자가 되었습니다. 이리를 몰아낸 양은 다시 이리가 되었습니다.

그렇다면 어떻게 해야 할까요? 먼저 인간의 심령 깊숙이 뿌리박은 죄의 문제를 해결해야 합니다. 물론 사회 구조의 변화를 위해 노력해야겠지만, 궁극적으로 자기 변화 없이 세상의 변화는 없습니다. 죄악이 문제이고 예수가 해답입니다. 예수가 어떻게 살았는가, 무엇을 가르쳤는가를 알고 믿고 따라야 합니다. 자기의 죄성을 통감하고 회개해야 합니다. 예수가 왜 십자가에서 그렇게 죽었는지 알아야 합니다. 나의 죄를 용서하기 위하여 십자가에서 죽은 대속의 죽음을 알고 그 은혜에 감사해야 합니다. 철저한 자기 부인을 통한 영적 변화가 있어야 합니다. 내면의 영적인 변화는 인간의 절제력으로는 불가능합니다. 오직 성령의 능력으로만 가능합니다.

> 내가 하나님의 성령을 힘입어 귀신을 쫓아내는 것이면 하나님의 나라가 이미 너희에게 임하였느니라. (마태복음 12장 28절)

하나님의 나라는 하나님의 능력이 나타나는 나라입니다. 인간의 노력으로 하나님 나라는 이뤄지지 않습니다. 그렇다고 인간이 할 일은 없다는 뜻이 아닙니다. 하나님의 능력 앞에 무릎 꿇고 내 자신을 내어 맡기는 순종이 필요합니다.

하나님 나라는 인간의 능력이 아니라 하나님의 능력으로 성취되는 나라입니다. 하나님의 능력이 나타나고 있다면 그곳이 하나님 나라입니다. 회개하고 죄사함 받고 성령을 받은 자를 통해 하나님 나라는 시작됩니다. 성령의 음성을 듣고 순종함으로써 천국은 확장됩니다. 그렇다면 변화받은 사람은 어떻게 하나님 나라의 역사에 참여할 수 있을까요?

2) 교회

하나님의 능력으로 변화된 인간은 교회 공동체를 통해 하나님 나라를 경험합니다. 예수 당시 바리새인은 하나님 나라가 임하는 시기에 관심이 많았습니다. 그래서 예수에게 묻습니다.

> 바리새인들이 하나님의 나라가 어느 때에 임하나이까 묻거늘 예수께서 대답하여 이르시되 하나님의 나라는 볼 수 있게 임하는 것이 아니요 또 여기 있다 저기 있다고도 못하리니 하나님의 나라는 너희 안에 있느니라. (누가복음 17장 20-21절)

하나님 나라의 '도래 시기'에 관심있던 바리새인과는 달리 예수는 하나님 나라의 '임재 장소'에 관심이 있었습니다. 그런데 그 장소는 "볼 수 있게", "여기 있다 저기 있다" 할 수 없는 특별한 장소라고 말했습니다. 그 장소는 바로 "너희 안에"입니다. 여기서 "너희 안에"는 개인의 내면으로 보기보다는 공동체의 내면으로 해석하고 싶습니다. 마태복음을 보면 예수는 하나님 나라의 임재 장소를 "너희에게"라고 말했습니다. 하나님 나라는 복수 대명사 "너희"에게 임합니다.

> 내가 하나님의 성령을 힘입어 귀신을 쫓아내는 것이면 하나님의 나라가 이미 너희에게 임하였느니라. (마태복음 12장 28절)

인칭대명사 "너희"는 단수가 아니라 복수입니다. 하나님 나라는 사람의 모임 안에 임합니다. 하나님의 능력으로 영적으로 변화된 사람이 모여 하나님을 찬양하고 예수의 가르침을 되새기고 실천하는 공동체에 하나님 나라가 임합니다. 그 공동체의 이름은 교회입니다.

교회란 무엇일까요? 좁은 의미에서 교회는 지역에 세워진 개별 교회입니다. 하지만 교회에는 더 큰 의미가 있습니다. 그것은 예수 그리스도를 머리로 하는 우주적 교회입니다. 예수 이래 지상에 존재하는 모든 교회는 한 교회입니다. 예수를 구주로 고백

하는 그리스도인의 모임이 교회입니다.

큰 의미의 교회는 건물과 종파를 초월합니다. 반드시 교회라는 간판이 걸린 곳에만 하나님 나라가 임재하지는 않습니다. 특정 방식으로 예수를 믿는 어떤 교파만이 교회가 아닙니다. 하나님께 예배하고 교제하고 복음 전하는 그리스도인의 모임이라면 그 어디나 교회입니다.

물론 하나님 나라는 교회에 갇히지 않습니다. 하나님의 능력은 자유롭습니다. 하나님 나라의 역사는 교회가 아니더라도 심지어 기독교가 아니더라도 가능합니다. 하시려고 작정하시면 악한 죄인을 통해서도 한낱 미물을 통해서도 하나님께서는 당신의 나라를 이뤄 가십니다.

하지만 교회가 하나님 나라의 중요한 매개임을 부인할 수는 없습니다. 교회는 하나님 나라의 전초 기지입니다. 예배로 하나님을 만나고 교제로 사랑을 나누고 선교로 복음을 전하는 하나님 나라의 출발점이 교회입니다. 하나님 나라는 하나님을 믿는 공동체 안에 임재하고, 공동체를 통해 확산되는 나라입니다. 그렇다면 교회는 어떤 방식으로 하나님 나라를 이루어 갈까요?

3) 가치

하나님 나라가 교회를 통해 이 땅에 이뤄진다는 말은 무슨 뜻

인가요? 왕성한 포교 활동을 통해 타종교를 물리치고 기독교가 융성한다는 말인가요? 교회가 많아지고 교인 수가 증가하면 하나님 나라가 확장되는 것인가요? 기독교 종교의 부흥이 하나님 나라인가요? 아닙니다. 그 이상입니다. 기독교인의 증가와 기독교 종교의 성장은 현상에 불과합니다. 하나님 나라는 겉으로 드러나는 현상이 아닌 그 속에 담겨 있는 본질입니다.

> 하나님의 나라는 먹는 것과 마시는 것이 아니요 오직 성령 안에 있는 의와 평강과 희락이라 이로써 그리스도를 섬기는 자는 하나님을 기쁘시게 하며 사람에게도 칭찬을 받느니라.
> (로마서 14장 17-18절)

바울은 하나님 나라는 먹는 것과 마시는 것이 아니라고 말했습니다. 당시는 무엇을 먹고 마시느냐가 종교적으로 중요한 문제였습니다. 그때 이 말은 율법에 근거하여 부정한 것과 정결한 것을 구분하고 유대 음식법을 지켜 정결한 것을 먹고 마심으로 하나님 나라가 이뤄진다고 믿는 사람에 대한 비판입니다.

하나님 나라는 종교 규칙을 엄수하는 것 그 이상입니다. 그것은 가치의 구현입니다. 그 가치는 정의, 평화, 기쁨입니다. 아무리 종교법을 잘 지켜도 약자를 보호하는 하나님의 정의가 실현되지 않고, 화해를 이뤄내는 하나님의 평화가 이뤄지지 않고, 모

든 사람이 행복한 하나님의 기쁨이 나타나지 않는다면 하나님 나라가 아닙니다.

하나님 나라는 하나님의 가치가 구현되는 나라입니다. 가치는 중요성을 뜻합니다. 무엇이 중요한가의 문제가 바로 가치의 문제입니다. 하나님의 사람이 모여서 하나님의 공동체를 이루고 하나님께서 중요하게 생각하시는 가치를 인생의 방향으로 삼아 매일의 일상을 살아가는 나라가 하나님 나라입니다. 그렇게 하나님을 기쁘시게 하고 세상 사람에게 칭찬받고 부러움을 통해 그 가치를 전파하는 것이 하나님 나라의 확장입니다. 하나님 나라의 가치는 성령의 열매와 연관됩니다.

> 오직 성령의 열매는 사랑과 희락과 화평과 오래 참음과 자비와 양선과 충성과 온유와 절제니. (갈라디아서 5장 22-23절)

하나님 나라는 성령의 나라입니다. 성령이 임재하면 나타나는 결과 또한 현상 이상의 본질 즉 가치입니다. 성령이 임하시면 서로 사랑하고, 항상 기뻐하고, 평화롭게 문제를 해결하고, 고난 속에서 인내하고, 다른 사람에게 친절하고, 선을 행하고, 항상 진실하고, 온유하며, 절제하는 삶을 삽니다. 하나님께서 기뻐하시는 가치에 따라 선택하고 결정하고 살아가는 사람들의 공동체가 하나님 나라입니다. 다른 곳에서는 성령의 열매를 빛의 열매

라고 부르기도 합니다.

> 빛의 열매는 모든 착함과 의로움과 진실함에 있느니라.
> (에베소서 5장 9절)

빛은 하나님 나라의 상징이고, 어둠은 죄악 나라의 상징입니다. 죄악의 나라는 악이 지배하고 그 백성은 불의하며 거짓을 말합니다. 하지만 하나님의 나라는 선이 지배하고 그 백성은 의로우며 진실을 말합니다.

하나님 나라는 하나님의 가치가 실현되는 나라입니다. 하나님께서 좋아하시고 중요하게 생각하시는 방향에 따라 이뤄지는 나라입니다. 하나님 나라의 백성이 교회 공동체를 이루고 정의롭고 평화롭고 기쁘게 살아감으로써 하나님 나라는 이뤄지고 확장됩니다. 그래서 하나님 나라는 이 세상에 실제적인 변화를 일으킵니다.

4) 변화

천국은 철학적 이상 세계가 아닙니다. 사후세계에 국한되거나 막연한 형이상학에 존재하는 나라는 하나님 나라가 아닙니다. 구체적인 현상이 일상에서 일어나는 세상이 하나님 나라입니다.

하나님 나라는 실제적인 변화를 통해 나타납니다. 예수는 본인은 물론이고 제자를 통해서 하나님 나라를 눈에 보이게 나타냈습니다.

> 예수께서 열두 제자를 불러 모으사 모든 귀신을 제어하며 병을 고치는 능력과 권위를 주시고 하나님의 나라를 전파하며 앓는 자를 고치게 하려고 내보내시며 … 제자들이 나가 각 마을에 두루 다니며 곳곳에 복음을 전하며 병을 고치더라.
>
> (누가복음 9장 1-6절)

예수의 치유와 귀신 축출은 지금 여기 임하는 하나님 나라의 증거입니다. 당시는 질병과 귀신 들림 현상을 사탄이 역사하는 결과로 보았습니다. 하나님의 능력으로 질병을 치유하고 귀신을 쫓아냄으로써 하나님의 나라가 이뤄지는 징표를 삼았습니다. 사탄의 역사는 단지 개인의 신체와 정신의 질병으로만 나타나지 않았습니다. 그것은 정치에서도 나타납니다.

> 분봉 왕 헤롯이 이 모든 일을 듣고 심히 당황하니 … 이 사람이 누군가 하며 그를 보고자 하더라. (누가복음 9장 7-9절)

예수가 제자를 통해 하나님 나라를 일으키자 당황한 사람은

헤롯왕입니다. 예언된 왕이 나타나서, 예언된 사역을 하였기 때문입니다. 이대로 간다면 로마제국에 빌붙은 자기의 왕권은 끝장나고 말겠다고 생각해서 두려웠습니다. 마태복음을 보면 헤롯은 이런 일이 있을까 봐 진작에 유아기 시절의 예수를 죽이려 했지만 실패했습니다. 헤롯을 통한 사탄의 통치 결과는 백성들이 겪어야 하는 육체와 정신과 사회의 질병이었습니다. 병든 백성은 새로운 왕 예수를 따랐습니다.

> 사도들이 돌아와 자기들이 행한 모든 것을 예수께 여쭈니 … 무리가 알고 따라왔거늘 예수께서 그들을 영접하사 하나님 나라의 일을 이야기하시며 병 고칠 자들은 고치시더라.
>
> (누가복음 9장 10-11절)

백성이 겪는 고통은 단지 질병만이 아니었습니다. '빈 들'로 상징되는 당시의 공허한 세상 속에서 겨우 '떡 다섯 개와 물고기 두 마리'로 5천 명이나 되는 사람들이 한 끼를 해결해야 하는 굶주림은 사탄의 괴뢰 정부인 헤롯 치하의 당대의 상황을 잘 보여줍니다.

> 날이 저물어 가매 열두 사도가 나아와 여짜오되 무리를 보내어 두루 마을과 촌으로 가서 유하며 먹을 것을 얻게 하소서 우리가 있는 여기는 빈 들이니이다 … 예수께서 떡 다섯 개와 물고기 두 마리를 가지사 하늘을 우러러 축사하시고 떼어 제자들에게 주어 무리에게 나누어 주게 하시니 먹고 다 배불렀더라. (누가복음 9장 12-17절)

헤롯은 5천 명을 착취해서 그들의 먹거리를 혼자 먹었지만, 예수는 한 명의 도시락, 오병이어를 나누어 5천 명을 모두 먹였습니다. 이것이 하나님 나라입니다. 하나님께서 기뻐하시는 정의와 평화와 생명의 가치를 실천하는 나눔의 경제, 희년의 경제를 통하여 예수는 일상을 변화시키고 죄악 세상을 뒤흔들었습니다. 하나님 나라는 하나님의 가치가 실현되어 세상에 실제 변화가 일어나는 나라입니다.

하나님 나라는 하나님의 능력으로 이뤄집니다. 인간의 노력이 아닌 성령의 능력으로 변화된 인간들이 세워 가는 나라입니다. 하나님 나라는 공동체에 이뤄집니다. 예배와 교제와 선교에 힘쓰는 교회 공동체를 통하여 하나님 나라는 실현됩니다. 하나님 나라는 가치를 구현함으로 나타납니다. 하나님께서 기뻐하시고 중요하게 생각하시는 기준에 따라 결정하고 선택하는 과정에서 그 나라는 이뤄집니다. 하나님 나라는 변화를 일으킵니다.

하나님의 능력을 힘입어 순종하는 공동체가 세상과는 다른 가치를 실천하면 세상에는 반드시 변화가 일어납니다. 하나님 나라는 이렇게 이 땅에 임합니다.

천국이란 무엇입니까? 천국은 하나님 나라입니다. 이 땅에 임재하는 사랑이 넘치는 영생의 나라입니다. 천국은 누구의 것입니까? 회개하고 거듭나서 자기를 포기하고 어린아이같이 순수하게 정의를 실천하는 사람이 하나님 나라를 소유합니다. 천국은 어떻게 이뤄집니까? 하나님의 능력을 입은 교회 공동체가 이 세상에서 하나님의 가치를 구현하며 실제적인 변화를 일으킴으로써 하나님 나라는 이뤄집니다.

나가며

예수를 믿고 구원받아 천국에 간다는 말은 무슨 뜻인가요? 기독교라는 종교에 귀의하여 그 종교의 숭배 대상인 예수를 잘 모시면 구원을 받아서 이생과 내세에서 잘 먹고 잘 살 수 있다는 말인가요? 아닙니다.

예수는 누구인가요? 예수는 나사렛 예수입니다. 예수는 가난했고, 가난한 자와 함께 살았고, 가난한 자를 찾아갔고, 가난한 자의 편을 들었습니다. 예수는 그리스도, 세상을 구원한 예언된 메시아입니다. 예수는 구원의 사명을 받고 자기를 버리고 순종하신 분입니다. 예수는 주님이십니다. 예수는 세상을 통치하십니다. 예수의 통치는 세상의 통치와 다릅니다. 비움과 낮춤과 복종의 통치입니다.

믿음이란 무엇인가요? 믿음은 예수가 전한 하나님 나라 복음을 믿는 것입니다. 예수가 가졌던 믿음을 가져야 합니다. 창조, 타락, 구속, 완성의 복음을 알고 내 안에 심어야 합니다. 거짓을 뽑아내고 말씀을 심어야 합니다. 그리고 믿음을 살아 내야 합니

다. 믿음은 행함과 반대가 아닙니다. 살아 있는 믿음은 행함을 포함합니다.

구원이란 무엇인가요? 구원은 이루는 것입니다. 구원은 순식간에 통과하는 문이 아니라 평생 걸어가는 길입니다. 구원은 이미 이뤄졌습니다. 예수의 성육신과 십자가와 부활로 이미 이뤄졌습니다. 구원은 지금 이뤄지고 있습니다. 교회를 통하여 기도와 말씀과 교제와 선교를 통해 이뤄지고 있습니다. 구원은 결국 이뤄질 것입니다. 마지막 날 심판을 통해 새 하늘 새 땅에서 영생을 누리게 될 것입니다.

천국이란 무엇인가요? 천국은 하나님 나라입니다. 하나님 나라는 이 땅에서 이뤄지는 사랑과 영생의 나라입니다. 누가 하나님 나라를 소유합니까? 회개한 사람, 거듭난 사람, 자기를 포기하고 어린아이처럼 순수하게 하나님의 의를 실행하는 사람이 하나님 나라의 사람입니다. 하나님 나라는 어떻게 이뤄지나요? 하나님의 능력을 통하여 예수를 구주로 고백하는 교회 공동체가 하나님께서 기뻐하시는 가치를 따라 살아가며 세상에 구체적인 변화를 일으키면서 하나님 나라는 이뤄집니다.

그런데 이게 만만치 않습니다. 예수처럼 희생하고 용서하는 삶은 거의 불가능에 가깝다는 생각이 들기도 합니다. 믿음을 가지고 그에 합당한 그리스도인으로 살려고 다짐하고 노력해 보지만 금세 좌절하고 맙니다. 구원을 이루기 위해 애써 보지만 세상

은 악하고 우리는 약하여 쉽게 넘어지고 맙니다. 하나님 나라를 향한 소망은 마치 모래처럼 움켜쥐었다 싶으면 바로 손가락 사이로 흩어져 흘러내리고 맙니다. 우리의 신앙은 마치 갯벌에 빠진 듯, 갈 길은 먼데 발이 안 떨어져 항상 그 자리 같습니다.

저도 그렇습니다. 모태신앙으로, 목사의 자녀로, 평생을 교회의 사람으로 살면서 "나는 왜 이 지경일까?" 하는 수많은 좌절과 번민이 저를 고통스럽게 했습니다. 직업이 목사라 "우리 이렇게 합시다"라고 설교는 잘도 늘어놓지만, "남 목사, 당신은 그렇게 삽니까?"라는 질문에 부딪히면 너무도 부끄러워 몸 둘 바를 모르겠습니다. 어찌하면 좋겠습니까?

저는 신앙이란 불가능을 향한 도전이라고 생각합니다. 그리스도인의 목표는 완전한 성취가 아니라 부단한 노력이라고 봅니다. 지상의 어느 성자도 거룩하신 하나님 앞에서는 죄인일 수밖에 없고, 완전한 희생과 용서를 보여 주신 예수 그리스도 앞에서는 한참 부족하기만 합니다. 우리는 다만 주님의 명령에 겸손히 순종할 뿐입니다. "내가 거룩하니 너희도 거룩하라" 하셨으니 거룩하기 위해 노력하고, "나를 본받으라" 하셨으니 힘들어도 본받으려고 애쓰고, "땅 끝까지 복음 전하라" 하셨으니 가다가 넘어지더라도 지금 이 순간 힘겹게 한 걸음 한 걸음 내디딜 뿐입니다.

주님 말씀에 순종하여 불가능에 도전하시는 여러분, 당신은

대단합니다. 주의 백성으로 살기로 다짐하고 좌절하지만 다시 일어서는 여러분, 당신은 위대합니다. 교회 개혁을 넘어 신앙 개혁의 여정에 오르신 여러분, 당신을 존경합니다. 여러분, 우리 모두 예수 믿고 구원받아 천국 갑시다.

예수 믿음 구원 천국

교회 개혁 운동가의 신앙 개혁 이야기

초판 발행 2022년 9월 20일
지은이 남오성
펴낸이 강도현

펴낸곳 뉴스앤조이
등록번호 제 2016-000072호
주소 서울 중구 퇴계로36가길 97 1층
전화 (02) 744-4116
이메일 task@newsnjoy.or.kr

디자인 유니꼬디자인

ISBN 978-89-90928-53-5

©남오성, 2022

본 책은 저작자의 지적 재산으로서 무단 전재와 복제를 금합니다.
책값은 뒤표지에 있습니다.